Disfrute gratuitamente **DURANTE UN AÑO** de los eBook y audiolibros de las obras de Editorial Colex*

⊘ Acceda a la página web de la editorial **www.colex.es**

⊘ Identifíquese con su usuario y contraseña. En caso de no disponer de una cuenta regístrese.

⊘ Acceda en el menú de usuario a la pestaña «Mis códigos» e introduzca el que aparece a continuación:

RASCAR PARA VISUALIZAR EL CÓDIGO

Incapacidad temporal del autónomo. Paso a paso

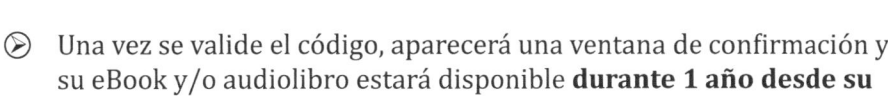

⊘ Una vez se valide el código, aparecerá una ventana de confirmación y su eBook y/o audiolibro estará disponible **durante 1 año desde su activación** en la pestaña «Mis libros» en el menú de usuario.

---

* Los audiolibros están disponibles en las ediciones más recientes de nuestras obras. Se excluyen expresamente las colecciones «Códigos comentados», «Biblioteca digital» y los productos de www.vademecumlegal.es.

¡Gracias por confiar en nosotros!

La obra que acaba de adquirir incluye de forma gratuita la versión electrónica. Acceda a nuestra página web para aprovechar todas las funcionalidades de las que dispone en nuestro lector.

Funcionalidades eBook

Acceso desde cualquier dispositivo con conexión a internet

Idéntica visualización a la edición de papel

Navegación intuitiva

Tamaño del texto adaptable

Síguenos en: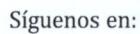

INCAPACIDAD TEMPORAL DEL AUTÓNOMO

Descubre cómo gestionar la incapacidad temporal siendo autónomo: requisitos, coberturas, bonificaciones y más.

INCAPACIDAD TEMPORAL DEL AUTÓNOMO

Descubre cómo gestionar la incapacidad temporal siendo autónomo: requisitos, coberturas, bonificaciones y más.

EDICIÓN 2024

Obra realizada por el Departamento de Documentación de Iberley

COLEX 2024

© Editorial Colex, S.L.
Calle Sol, número 20, bajo
A Coruña, C.P. 15003
info@colex.es
www.colex.es

I.S.B.N.: 978-84-1194-638-4
Depósito legal: C 1592-2024

SUMARIO

ANEXO.
FORMULARIOS

0.
INTRODUCCIÓN

La incapacidad temporal es una situación que puede afectar a cualquier trabajador, incluidos los autónomos. Sin embargo, las particularidades del Régimen Especial de Trabajadores Autónomos (RETA) hacen que la gestión de estas situaciones sea diferente y, en muchos casos, más compleja que para los trabajadores por cuenta ajena. Este libro tiene como objetivo proporcionar una guía completa y detallada sobre las prestaciones y cotizaciones relacionadas con la incapacidad temporal para los trabajadores autónomos. Para ello hemos desarrollado los siguientes bloques:

1. **Breve repaso sobre las prestaciones y la cotización de los autónomos**. Para entender la incapacidad temporal en el contexto de los autónomos, es fundamental conocer primero las prestaciones y las obligaciones de cotización en el RETA. En este capítulo, se abordarán los siguientes puntos:

- **Acción protectora en el RETA**: se explicará qué tipo de prestaciones están cubiertas bajo este régimen y cómo se protegen los derechos de los autónomos.

- **Obligaciones para el devengo de las prestaciones en el RETA**: aquí se detallarán las obligaciones que deben cumplir los autónomos para tener derecho a las prestaciones, incluyendo la afiliación y alta, el estar al corriente en el pago de cuotas, y la declaración sobre la persona que va a sustituir al autónomo.

  Para tener derecho a la prestación por incapacidad temporal, el autónomo debe estar al corriente en el pago de las cuotas a la Seguridad Social. En caso de no estarlo, se puede proceder a la invitación al ingreso de las cuotas debidas

- **Otras prestaciones en el RETA**: además de la incapacidad temporal, los autónomos tienen derecho a otras prestaciones como las relacionadas con el nacimiento de un hijo, riesgo durante el embarazo o lactancia, incapacidad permanente, jubilación, muerte y supervivencia, cese de actividad, servicios sociales, prestaciones familiares y asistencia social, y el cuidado de menores afectados por enfermedades graves.

- **Regulación del accidente laboral en el RETA**: se analizará cómo se regula el accidente laboral para los autónomos, incluyendo la relación de causalidad entre la lesión y el trabajo, los accidentes «in itinere» y la presunción de laboralidad.

2. Cotización del autónomo y su incidencia en la prestación por incapacidad temporal. La cotización es un aspecto crucial que influye directamente en las prestaciones por incapacidad temporal. En este capítulo, se tratarán temas como la obligación de cotización por IT, la regularización anual de la cotización, la formalización de la cobertura de IT con una mutua, y la posibilidad de renunciar a la protección de la incapacidad temporal.

3. Dinámica de la prestación: ¿cómo funciona la baja laboral del autónomo? Este capítulo se centrará en el funcionamiento práctico de la baja laboral para los autónomos. Se explicará qué se entiende por incapacidad o baja del autónomo, en qué situaciones tienen derecho a la prestación, cómo se solicita y se devenga la prestación, cuánto se cobra y durante cuánto tiempo se puede estar de baja. También se abordarán temas como la gestión de las mutuas, la recaída y recidiva, la relación entre incapacidad temporal y cese de actividad, y cómo afecta la pluriactividad.

La cuantía del subsidio por incapacidad temporal se calcula aplicando un porcentaje sobre la base reguladora. En general, se aplica el 60 % desde el cuarto al vigésimo día de la baja y el 75 % a partir del vigésimo primer día. Si la incapacidad se debe a un accidente de trabajo o enfermedad profesional, se aplica el 75 % desde el día siguiente al de la baja.

4. Exención, exoneración y bonificación en el pago de cuotas a los trabajadores autónomos. Se explora la exención en el pago de cuotas a los trabajadores autónomos en caso de IT, la cotización al RETA a partir de la edad de jubilación y las bonificaciones por conciliación de la vida profesional y familiar, durante el descanso por nacimiento, adopción, riesgo durante el embarazo o lactancia, y para trabajadoras autónomas que se reincorporen al trabajo. También se tratarán las bonificaciones en la cotización por cuidado de menores afectados por enfermedades graves.

5. Reclamaciones asociadas a la IT del autónomo. Veremos qué hacer y qué posibilidades existen si la mutua rechazó la baja laboral o la contingencia profesional

6. Obligaciones fiscales de los autónomos en baja laboral. En este epígrafe se analizarán las principales consecuencias que la baja laboral tiene para el autónomo a nivel fiscal, haciendo especial referencia al tratamiento que tendrá que dar en su IRPF a las prestaciones por IT que perciba, incluidos los importes de las cuotas de la Seguridad Social abonadas por la mutua colaboradora.

Este libro pretende ser una herramienta útil y práctica para los trabajadores autónomos y asesores, proporcionándoles la información necesaria para gestionar de manera efectiva las situaciones de incapacidad temporal y otras prestaciones relacionadas.

1.
BREVE REPASO SOBRE LAS PRESTACIONES DE LA SEGURIDAD SOCIAL PARA AUTÓNOMOS Y SUS REQUISITOS GENERALES

Analizamos las prestaciones cubiertas para los trabajadores autónomos según la normativa vigente.

1.1. Acción protectora en el RETA

La acción protectora del Régimen Especial de Seguridad Social de los Trabajadores por Cuenta Propia o Autónomos comprenderá lo establecido en el art. 42 de la LGSS para el Régimen General, con excepción de la protección por cese de actividad y las prestaciones no contributivas (arts. 155 de la LGSS, 26 de la LETA y Real Decreto 1273/2003, de 10 de octubre):

	...	Mismas condiciones que RGSS
Prestaciones en el RETA	1. Asistencia sanitaria en los supuestos de maternidad, enfermedad común o profesional y accidentes, sean o no de trabajo.	SÍ
	2. Incapacidad temporal.	SÍ (particularidades)
	3. Maternidad/paternidad.	SÍ (particularidades)

Prestaciones en el RETA	4. Riesgo durante el embarazo y durante la lactancia.		SÍ (particularidades)
	5. Incapacidad permanente.		SÍ (particularidades)
	6. Jubilación.		SÍ (particularidades)
	7. Muerte y supervivencia.	Auxilio por defunción.	SÍ
		Viudedad.	
		Prestación temporal de viudedad.	
		Pensión de orfandad.	
		Pensión vitalicia o, en su caso, subsidio temporal a favor de familiares.	
		Muerte causada por accidente de trabajo o enfermedad.	
	8. Contingencias profesionales.		NO
	9. Cese de actividad profesional (paro de los trabajadores autónomos).		NO
	10. Servicios sociales (serán las prestaciones establecidas legalmente y, en todo caso, comprenderá las prestaciones en materia de reeducación, de rehabilitación de personas con discapacidad, de asistencia a la tercera edad y de recuperación profesional).		Las establecidas legalmente
	11. Prestaciones familiares.		NO Únicamente modalidad no contributiva
	12. Asistencia social.		SÍ
	13. Cuidado de menores afectados por cáncer u otra enfermedad grave (art. 190-192 de la LGSS).		SÍ (particularidades)

Dentro de la materia de análisis de esta obra, los arts. 315-317 de la Ley General de la Seguridad Social regulan la obligación de cobertura de la incapacidad temporal, de las contingencias profesionales y las peculiaridades de la acción protectora de los trabajadores autónomos económicamente dependientes. **(STSJ de Castilla y León n.º 840/2023, de 16 de noviembre del 2023, ECLI:ES:TSJCL:2023:4391).**

Alcance de la acción protectora (art. 314 de la LGSS):	Los autónomos tienen derecho a las prestaciones establecidas en el artículo 42 de la LGSS, excepto la protección por desempleo y las prestaciones no contributivas. Para recibir las prestaciones, deben estar al corriente en el pago de las cotizaciones
Cobertura de la incapacidad temporal (art. 315 de la LGSS):	La cobertura de la incapacidad temporal es obligatoria, salvo que el autónomo ya tenga cubierta esta contingencia en otro régimen de la Seguridad Social. En tal caso, puede optar voluntariamente por esta cobertura o renunciar a ella. Existen excepciones para socios de cooperativas con sistemas intercooperativos de prestaciones sociales y miembros de institutos de vida consagrada de la Iglesia Católica.
Cobertura de las contingencias profesionales (art. 316 de la LGSS):	La cobertura de las contingencias profesionales es obligatoria y se realiza con la misma entidad que cubre la incapacidad temporal. Se consideran accidentes de trabajo aquellos ocurridos como consecuencia directa del trabajo por cuenta propia, incluyendo los accidentes al ir o volver del lugar de trabajo.
Trabajadores autónomos económicamente dependientes (art. 317 de la LGSS):	Estos trabajadores tienen obligatoriamente cubierta la incapacidad temporal y los accidentes de trabajo y enfermedades profesionales. Se considera accidente de trabajo cualquier lesión corporal sufrida en el ejercicio de la actividad profesional, incluyendo los accidentes al ir o volver del lugar de trabajo.

1.2. Normas genéricas que rigen el derecho a prestaciones en el RETA

Las personas incluidas en el campo de aplicación de este régimen especial causarán derecho a las prestaciones del mismo cuando, sin perjuicio de las particulares exigidas para una de éstas, reúnan la condición general de estar afiliadas y en alta en este régimen o en situaciones asimiladas a alta en la fecha en que se entienda causada la prestación (art. 28.2 del Decreto 2530/1970, de 20 de agosto).

Hecho causante de la prestación

En primer lugar, el art. 169 de la Ley General de la Seguridad Social vincula la prestación por IT a la existencia de una situación de incapacidad temporal o, lo que es lo mismo, a la **pervivencia de una situación de deterioro de la salud que tenga encaje en la definición de la incapacidad temporal que se contempla en el artículo citado**. De esta forma, la existencia de incapacidad temporal estará ligada a la recepción de asistencia sanitaria, a la persistencia por razones de salud de una degradación de las aptitudes que son necesarias para el desempeño del quehacer profesional y a la pervivencia de ese estado de cosas durante los plazos o períodos de tiempo que se establecen en el precepto identificado (**STSJ de Castilla y León, rec. 2088/2016, de 2 de febrero de 2017, ECLI:ES:TSJCL:2017:264**).

En el caso de las personas trabajadoras autónomas, como desarrollaremos a lo largo de la obra, algunos aspectos conceptuales de esta primera consideración se complican. (**STSJ de Asturias, rec. 2009/2019, de 09 de enero de 2020, ECLI:ES:TSJAS:2020:38**).

Obligación de afiliación y alta

El autónomo deberá tener cubierto el período mínimo de cotización necesario para el acceso a cada prestación. En el caso de la incapacidad temporal:

- Enfermedad común: como mínimo 180 días durante los últimos 5 años.

- Accidente —sea este común o laboral— o de enfermedad profesional, no es necesaria ninguna cotización previa.

Los actos de afiliación serán obligatorios y producirán los siguientes efectos en orden a la cotización y a la acción protectora:

- La afiliación y hasta tres altas dentro de cada año natural tendrán efectos desde el día en que concurran en la persona de que se trate los requisitos y condiciones determinantes de su inclusión en el campo de aplicación de este régimen especial, siempre que se hayan solicitado en los términos establecidos, respectivamente, por los artículos 27.2 y 32.3.1.º del RD 84/1996, de 26 de enero.

- El resto de las altas que, en su caso, se produzcan dentro de cada año natural tendrán efectos desde el día primero del mes natural en que se reúnan los requisitos para la inclusión en este régimen especial, siempre que se hayan solicitado en los términos establecidos por el artículo 32.3.1.° del RD 84/1996, de 26 de enero.

- Las altas solicitadas fuera del plazo reglamentario tendrán, asimismo, efectos desde el día primero del mes natural en que se reúnan los requisitos para la inclusión en este régimen especial.

- La afiliación y el alta de oficio por parte de la TGSS (arts. 26 y 29.1.3.° del RD 84/1996, de 26 de enero) surtirán efectos desde el día primero del mes natural en que resulte acreditada la concurrencia de los requisitos para la inclusión en el RETA.

CUESTIONES

1. ¿En qué plazos debe cumplir el autónomo con las obligaciones de afiliación, alta y baja en el Régimen Especial de Trabajadores Autónomos?

- Plazo presentación altas en el RETA: de forma previa al inicio de la actividad, hasta 60 días naturales antes del inicio de la actividad por el autónomo.

- Plazo presentación bajas y variaciones de datos RETA: 3 días naturales siguientes al del cese en el trabajo o a aquel en que la variación se produzca.

2. ¿Qué documentos o medios de prueba son determinantes del alta o baja en el RETA?

Las solicitudes de alta y de baja y las comunicaciones de variación de datos de trabajadores en este régimen especial deberán acompañarse, a través de medios electrónicos, de los documentos y medios de prueba determinantes de su procedencia. A tales efectos, la TGSS podrá requerir (art. 46.5 del RD 84/1996, de 26 de enero):

- Documento que acredite que el solicitante ostenta la titularidad de cualquier empresa individual o familiar o de un establecimiento abierto al público como propietario, arrendatario, usufructuario y otro concepto análogo o documento acreditativo del cese en dicha titularidad.

- Justificante de abonar el Impuesto sobre Actividades Económicas o cualquier otro impuesto por la actividad desempeñada o certificación de no abonar dicho impuesto, uno y otra referidos, como máximo, a los últimos cuatro años.

- Copia de las licencias, permisos o autorizaciones administrativas que sean necesarios para el ejercicio de la actividad de que se trate y, en su defecto, indicación del organismo o administración que las hubiese concedido o copia de la documentación acreditativa de su extinción o cese.

- Copia del contrato celebrado entre el trabajador autónomo económicamente dependiente y su cliente, una vez registrado en el Servicio Público de Empleo Estatal, y copia de la comunicación al Servicio Público de Empleo Estatal de la terminación del contrato registrado.

- Documentos que acrediten la participación del trabajador autónomo en sociedades o comunidades de bienes o su incorporación en colegios profesionales, determinante de su inclusión en este régimen especial al amparo de lo previsto en los párrafos b), c), d), e), g) y l) del art. 305.2 de la Ley General de la Seguridad Social.

- Declaración responsable del interesado y cualesquiera otros documentos que le sean requeridos, a estos efectos, por la Tesorería General de la Seguridad Social.

Obligación de hallarse al corriente en el pago de cuotas: ¿puede un autónomo que debe cuotas a la Seguridad Social cobrar la prestación de incapacidad temporal?

Un autónomo que debe cuotas a la Seguridad Social no puede cobrar la prestación de incapacidad temporal si se pone enfermo, a menos que regularice su situación dentro del plazo establecido.

En los supuestos de prestaciones del autónomo, será requisito indispensable para el reconocimiento del derecho a la prestación por incapacidad temporal que el interesado **se halle al corriente en el pago de las correspondientes cuotas a la Seguridad Social**, sin perjuicio de los efectos de la invitación al ingreso de las cuotas debidas en los casos en que aquella proceda.

El **art. 47 de la LGSS** después de establecer el principio de que «En el caso de trabajadores que sean responsables del ingreso de cotizaciones, para el reconocimiento de las correspondientes prestaciones económicas de la Seguridad Social será necesario que el causante se encuentre al corriente en el pago de las cotizaciones de la Seguridad Social, aunque la correspondiente prestación sea reconocida, como consecuencia del cómputo recíproco de cotizaciones, en un régimen de trabajadores por cuenta ajena», añade que «a tales efectos, será de aplicación el mecanismo de invitación al pago previsto en el artículo 28.2 del Decreto 2530/1970, de 20 de agosto, por el que se regula el Régimen Especial de la Seguridad Social de los Trabajadores por Cuenta Propia o Autónomos, cualquiera que sea el régimen de la Seguridad Social en que el interesado estuviese incorporado en el momento de acceder a la prestación o en el que se cause esta». De una lectura apresurada de ese segundo apartado parece resultar que, ya que no hace excepción ninguna, también sería aplicable el mecanismo de invitación al pago en la prestación de incapacidad temporal, pero resulta que en la norma no se establece directamente la obligatoriedad de esa invitación, sino por remisión al **Real Decreto 1273/2003, de 10 de octubre**.

El histórico Real Decreto 1273/2003, de 10 de octubre, regula la cobertura de las contingencias profesionales de los trabajadores incluidos en el Régimen Especial de la Seguridad Social de los Trabajadores por Cuenta Propia o Autónomos, y la ampliación de la prestación por incapacidad temporal para los trabajadores por cuenta propia. Así, el artículo 3 (citado al principio de este bloque) se remite al régimen general para la extensión, forma, términos y condiciones de la prestación, pero «con las particularidades que se determinan» en el propio real decreto; el artículo 5 no menciona ninguna excepción cuando, tras exigir el requisito de estar al corriente en el pago de las cuotas, establece el mecanismo de la invitación al pago, pero lo hace «en los términos y con los efectos previstos en el **art. 28 del Decreto 2530/1970, de 20 de agosto**, por el que se regula el Régimen Especial de la Seguridad Social de los Trabajadores por Cuenta Propia o Autónomos»; el 9 se vuelve a remitir, en cuanto al régimen jurídico de la prestación a lo establecido en el Régimen General, pero se trata de una remisión de carácter supletorio, pues empieza diciendo que «se regirá por lo previsto en este capítulo»; y, en fin, el artículo 12 establece, en lo que aquí interesa que «(...) en los supuestos a que se refiere este capítulo, será requisito indispensable para el reconocimiento del derecho a la prestación por incapacidad temporal que el interesado se halle al corriente en el pago de las correspondientes cuotas a la Seguridad Social, sin perjuicio de los efectos de la invitación al ingreso de las cuotas debidas en los casos en que aquella proceda».

‖ Plazos para ponerse al corriente

Si el autónomo no está al corriente en el pago de las cuotas en el momento de causar la prestación, la entidad gestora (INSS o mutua) le invita a regularizar su situación en un **plazo improrrogable de 30 días naturales**. Es decir, si cubierto el período mínimo de cotización preciso para tener derecho a la prestación de que se trate se solicitará ésta y la persona incluida en el campo de aplicación de este régimen especial no estuviera al corriente en el pago de las restantes cuotas exigibles en la fecha en que se entienda causada la prestación la Entidad gestora invita al interesado para que en el plazo improrrogable de treinta días naturales a partir de la invitación ingrese las cuotas debidas (art. 28.1 del Decreto 2530/1970, de 20 de agosto).

Si paga dentro de este plazo, se considerará al corriente y podrá percibir la prestación. En caso de pagar fuera de plazo, la prestación se reducirá en un 20 % y se aplicará retroactividad de tres meses desde la fecha de pago (arts. 53 de la LGSS y 28.2 del Decreto 2530/1970, de 20 de agosto).

‖ Aplazamiento de cuotas

Un aplazamiento del pago de las cuotas concedido por la Tesorería General de la Seguridad Social se considera válido para estar al corriente de pago solo si se solicita antes de la fecha de la baja por IT. Si se solicita después, no tiene validez a efectos de la prestación

El autónomo no tendrá derecho a la prestación por IT si no cumple el requisito de que estamos tratando, sin que suponga lo contrario el que haya ingresado las cuotas adeudadas con posterioridad a iniciarse la situación de incapacidad temporal pues, como recuerda la STS de 18 de noviembre de 2004, tal requisito consiste en que el trabajador se halle al corriente en el pago de las correspondientes cotizaciones en el momento de producirse el hecho causante de la prestación de referencia, que no es otro que cuando se inicia la incapacidad temporal, con la baja para el trabajo; lo contrario, «asimilar el hecho causante con la solicitud, como pretende el recurrente, sería dejarlo en manos del propio interesado, lo cual es insostenible». **(STSJ de Extremadura n.º 30/2007, de 18 de enero de 2007, ECLI:ES:TS-JEXT:2007:49)**.

La resolución de la cuestión planteada en este apartado requiere partir de las siguientes premisas:

- No hay en la actualidad norma alguna que condicione como requisito para el derecho al percibo del abono de la prestación como trabajador autónomo el abono previo de la totalidad de las deudas por otras cuotas incluso como empresario, y la invitación al pago respecto a unas cuotas y su abono realizada conforme al art. 28.2 del RD 2530/1970, supone el cumplimiento de requisitos. Siendo esta doctrina expuesta en los supuestos de generar la prestación en el Régimen General cuando se mantiene descubiertos en el RETA si las cotizaciones a tal régimen no se utilizan a efectos de acceso a la prestación. Este criterio ha sido sostenido de forma uniforme por la doctrina del TS en sentencias tales como **STS, rec. 1084/2014, de 27 de abril de 2016, ECLI:ES:TS:2016:2244,** y **STS, rec. 3823/2011, de 21 de junio de 2012, ECLI:ES:TS:2012:5364**. Incluso tal criterio se viene a reconocer en cuanto a otras deudas con la seguridad social cuando se trata de acceder a una prestación en el régimen de autónomos **STS, rec. 2514/2012, de 22 de noviembre de 2013, ECLI:ES:TS:2013:5893**.

- El aplazamiento reconocido tras el hecho causante no se pude considerar como situación de corriente. Siguiendo la doctrina establecida por la **STS, rec. 1564/2003, de 7 de mayo de 2004, ECLI:ES:TS:2004:3102,** y, **STS, rec. 4051/2017, de 28 de enero de 2020, ECLI:ES:TS:2020:417**, entre otras.

- En los abonos realizados para cumplir la invitación al pago, no pueden imputarse a otras deudas diferentes, incluso anteriores, por voluntad de la administración. La **STS, rec. 2514/2012, de 22 de noviembre de 2013, ECLI:ES:TS:2013:5893**, expone con claridad tal criterio al resolver.

RESOLUCIÓN RELEVANTE

STSJ de la Com. Valenciana n.º 1279/2023, de 27 de abril del 2023, ECLI:ES:TSJCV:2023:1885

«En consecuencia debemos entender que los abonos que lleva a efecto la actora coincidentes con las deudas del régimen RETA y en importes superiores a los propios de los plazos acordado en resolución de aplazamiento, con voluntad de cumplir la invitación al pago deben tener la consideración de cumplimiento de la invitación al pago referida en el artículo 28.2 del RD sin posibilidad de imputación por la administración a otras deudas al no ser de aplicación el art 29 de la LGSS de 1995, actual artículo 32 de Texto de 2015 al no estar en presencia de imputación de pagos en un proceso de ejecución y sin que las previsiones del artículo 52 del Real Decreto 1415/2004, de 11 de junio, por el que se aprueba el Reglamento General de Recaudación de la Seguridad Social, impidan llevar a efecto una imputación de pagos específica por el administrado.

Por ello procede estimar el motivo y considerar que la actora procedió a cumplir con la invitación al pago en el periodo de 30 días naturales (cuestión del plazo temporal no discutido y no obrar como hecho la fecha de notificación de la resolución a partir de la cual se pueda computar el plazo) con lo que procede revocar la resolución recurrida y en su virtud estimar la demanda y reconocer a la actora prestación por nacimiento y cuidado de menor en los términos reglamentarios derivados del artículo 177 y ss de la LGSS de 2015 con derecho al subsidio del 100% de la base reguladora de 944,10 euros mensuales y por el periodo de 8-4-21 a 28-7-21 como elementos no discutidos de la prestación instada».

Declaración sobre la persona que va a sustituir al autónomo

El derecho nace cuando existe enfermedad que conforma la IT, el correspondiente alta y la oportuna carencia o cotizaciones precisas. Dándose tales requisitos deberán atenderse las formalidades precisas.

Los trabajadores que se encuentren en incapacidad temporal vendrán obligados a presentar, ante la correspondiente entidad gestora o colaboradora una declaración sobre la persona que gestione directamente el establecimiento mercantil, industrial o de otra naturaleza del que sean titulares o, en su caso, el cese temporal o definitivo en la actividad. La falta de presentación de la declaración dará lugar a que por la entidad gestora o colaboradora se suspenda cautelarmente el abono de la prestación, iniciándose las actuaciones administrativas oportunas a efectos de verificar que se cumplen los requisitos condicionantes del acceso y percibo de la prestación (art. 12 del Real Decreto 1273/2003, de 10 de octubre).

Atendiendo a la **Resolución de 4 de febrero de 2004 sobre cumplimiento de la obligación analizada**, la presentación de la declaración por el trabajador por cuenta propia deberá realizarse en los siguientes plazos:

«a) Dentro de los 15 días siguientes a la fecha de la baja, en caso de incapacidad temporal.

b) Dentro de los 15 días siguientes a la suspensión de la actividad, en los supuestos de prestación de riesgo durante el embarazo.

c) En el caso de maternidad, dentro de los 15 días siguientes a la fecha del parto, o de la fecha de la resolución administrativa o judicial mediante la que se constituye el acogimiento o la adopción. En el caso de que el inicio del descanso por maternidad se haya iniciado con anterioridad al parto, el plazo de 15 días se contará a partir de la fecha del inicio de dicho descanso».

A TENER EN CUENTA. Mientras se mantenga la situación de incapacidad temporal los autónomos vendrán obligados a presentar ante el Instituto Nacional de la Seguridad Social o la Mutua de Accidentes de Trabajo y Enfermedades Profesionales de la Seguridad Social, según corresponda, con periodicidad semestral, a contar desde la fecha en que se inician las situaciones indicadas, la declaración de la situación de la actividad, **si fueran requeridos a ello**.

En cualquiera de los casos, en la declaración deberá señalarse la persona que, durante el tiempo de baja, va a gestionar el establecimiento señalado o, alternativamente, indicando el cese temporal o definitivo en la actividad.

La extemporaneidad en dicha presentación de actividad supondrá «suspender cautelarmente el abono» pero no extinguir el derecho (**STSJ de Andalucía, rec. 785/2006, de 19 de julio de 2006, ECLI:ES:TSJAND:2006:5853**), pudiendo iniciarse de oficio las actuaciones pertinentes para verificar la situación en la que queda el establecimiento del que es titular el beneficiario de la prestación de incapacidad temporal.

Si, como consecuencia de las actuaciones administrativas, se entendiese el carácter indebido de la prestación que, en su caso, se hubiese comenzado a percibir, se procederá a realizar las actuaciones precisas para el reintegro de la misma.

RESOLUCIÓN RELEVANTE

STSJ de Galicia, rec. 4948/2017, de 20 de febrero de 2018, ECLI:ES:TSJGAL:2018:1212

«(...) la norma aplicable es el art. 12, párrafo 2° del RD 1273/2003, de 10 de octubre, por el que se regula la cobertura de las contingencias profesionales de los trabajadores incluidos en el Régimen Especial de la Seguridad Social de los Trabajadores por Cuenta Propia o Autónomos, y la ampliación de la prestación por incapacidad temporal para los trabajadores por cuenta propia. Dicho precepto establece: 'Asimismo, los trabajadores que se encuentren en incapacidad temporal vendrán obligados a presentar, ante la correspondiente entidad gestora o colaboradora, en la forma y con la periodicidad que determine la entidad gestora del régimen en que estén encuadrados, declaración sobre la persona que gestione directamente el establecimiento mercantil, industrial o de otra naturaleza del que sean titulares o, en su caso, el cese temporal o definitivo en la actividad. La falta de presentación de la declaración dará lugar a que por la entidad gestora o colaboradora se suspenda cautelarmente el abono de la prestación, iniciándose las actuaciones administrativas oportunas a efectos de verificar que se cumplen los requisitos condicionantes del acceso y percibo de la prestación».

1.3. Otras prestaciones en el RETA

1.3.1. Prestaciones por nacimiento de hijo y riesgo durante el embarazo o lactancia natural en el RETA

Los trabajadores incluidos en el Régimen Especial de la Seguridad Social de los Trabajadores por Cuenta Propia o Autónomos o, como trabajadores por cuenta propia, en el grupo primero de cotización del Régimen Especial de la Seguridad Social de los Trabajadores del Mar, incluidos los socios trabajadores o socios de trabajo de las sociedades cooperativas encuadrados en esos regímenes, tendrán derecho, durante los períodos de descanso por nacimiento, adopción, guarda con fines de adopción, acogimiento, riesgo durante el embarazo o riesgo durante la lactancia natural, a una bonificación del 100 por cien de la cuota por contingencias comunes resultante de aplicar a la base media que tuviera el trabajador en los doce meses anteriores a la fecha en la que inicie esta bonificación, el tipo de cotización para contingencias comunes vigente en cada momento, excluido el correspondiente a la incapacidad temporal derivada de dichas contingencias (art. 38 de la LETA).

Nacimiento y cuidado de menor

El derecho a esta prestación se establece con la misma extensión y en los mismos términos y condiciones que los previstos para los trabajadores del Régimen General en los arts. 177-182 de la LGSS —excepto lo regulado en el art. 179.1 y 2—.

La prestación económica por nacimiento y cuidado de menor consistirá en **un subsidio equivalente al 100 por ciento de una base reguladora cuya cuantía diaria será el resultado de dividir la suma de las bases de cotización acreditadas a este régimen especial durante los seis meses inmediatamente anteriores al mes previo al del hecho causante entre ciento ochenta (art. 318 de la LGSS).** (STS n.º 1067/2016, de 19 de diciembre de 2016, ECLI:ES:TS:2016:5802; STS, rec. 2390/2008, de 22 de junio de 2009, ECLI:ES:TS:2009:4800; STS, rec. 1126/2008, de 21 de abril de 2009, ECLI:ES:TS:2009:2433, y STS, rec. 3764/2008, de 12 de mayo de 2009, ECLI:ES:TS:2009:3548).

Como particularidades, será necesario:

- Estar dada de alta en el RETA.

- Estar al día en el pago de las cuotas de autónomo, sin perjuicio de los efectos de la invitación al ingreso de las cuotas debidas en los casos en que aquella proceda (art. 47 de la LGSS).

- En el caso de la autónoma, haber cotizado un mínimo de tiempo, que varía según la edad (art. 178 de la LGSS):

  - Si eres menor de 21 años no es necesario tener cubierto ningún periodo mínimo de cotización.

  - Si tienes entre 21 y 26 debes haber cotizado, como mínimo, 90 días en los 7 años que preceden a la baja por maternidad o situación similar, o bien 180 días desde tu primera alta en el RETA.

  - Si eres mayor de 26 cuando te conviertas en mamá, serán 180 días los que debes haber cotizado en los últimos 7 años anteriores al parto, adopción o acogimiento o, en su defecto, 360 días como mínimo a lo largo de toda tu vida laboral.

  En el caso del padre, no hay diferencias en el tiempo de cotización exigido en función de su edad. Para todos los autónomos, el periodo exigido será de 180 días en los últimos siete años, o 360 días en toda la carrera laboral.

- Presentación de una declaración sobre la persona que gestione directamente el establecimiento mercantil, industrial o de otra naturaleza del que sean titulares o, en su caso, el cese temporal o definitivo en la actividad.

La prestación económica por nacimiento y cuidado de menor durará **16 semanas** y consistirá en un **subsidio equivalente al 100 por ciento de la base de cotización por contingencias comunes del mes inmediatamente anterior al mes previo al del hecho causante, dividida entre el número de días a que dicha cotización se refiera.**

> **A TENER EN CUENTA.** Las primeras 6 semanas posteriores al parto deben ser disfrutadas de forma obligatoria inmediatamente después del parto, mientras que el resto puede distribuirse según prefiera.

El derecho al subsidio por nacimiento y cuidado de menor podrá ser denegado, anulado o suspendido, cuando el beneficiario hubiera actuado fraudulentamente para obtener o conservar dicha prestación, así como cuando trabajara por cuenta propia o ajena durante los correspondientes períodos de descanso.

JURISPRUDENCIA

STS, rec. 4533/2005, de 19 de enero de 2007, ECLI:ES:TS:2007:655

El periodo de carencia para el acceso a la prestación por maternidad para una trabajadora contratada a tiempo parcial debe calcularse incrementándolo en la misma proporción en la que se haya reducido la jornada efectivamente realizada respecto de la jornada habitual en la actividad correspondiente.

CUESTIÓN

1. ¿Cuánto se cobra por la baja maternal como autónoma? ¿Hay que pagar la cuota de autónomos?

Para calcular la base reguladora, hay que dividir la cantidad por que se cotizó durante los 6 meses anteriores a la baja entre 180. La cuota de autónomo durante la baja está bonificada al 100 %.

2. ¿Es posible disfrutar la baja maternal a tiempo parcial? ¿Qué debo tener en cuenta?

El descanso por nacimiento y cuidado del menor tras las seis primeras semanas puede disfrutarse a tiempo parcial. No obstante, la prestación se reducirá a la mitad y la persona trabajadora autónoma debe facturar la mitad.

3. ¿Qué ocurre si la autónoma no cuenta con el mínimo cotizado para solicitar la prestación por nacimiento y cuidado del menor?

Los trabajadores autónomos que no cumplan con el mínimo de cotización exigido para solicitar la baja maternal tienen la opción de solicitar la prestación no contributiva de maternidad en el Instituto Nacional de la Seguridad Social (INSS). Esta prestación está diseñada para aquellos que, siendo mayores de 21 años, no han acumulado el mínimo de cotización necesario. La prestación no contributiva de maternidad permite recibir un subsidio durante 42 días naturales desde el parto o la resolución de adopción, acogimiento o tutelaje. En situaciones especiales, como partos múltiples, enfermedades, discapacidad, familias numerosas o monoparentales, el periodo de cobro del subsidio puede extenderse hasta 14 días adicionales.

Riesgo durante el embarazo o lactancia natural

La prestación económica por riesgo durante el embarazo consistirá en un subsidio equivalente al 100 por ciento de la base reguladora correspondiente en los términos descritos en los arts. 40-47 del Real Decreto 295/2009, de 6 de marzo.

La prestación económica por riesgo durante la lactancia natural se concederá a la mujer trabajadora en los términos, condiciones y con el procedimiento previstos para la prestación por riesgo durante el embarazo (art. 50 del Real Decreto 295/2009, de 6 de marzo). En este caso, el derecho al subsidio se extinguirá por: cumplir el hijo los nueve meses de edad, reincorporación de la mujer trabajadora a su puesto de trabajo o actividad profesional anterior o a otros compatibles con su estado, extinción del contrato de trabajo en virtud de las causas legalmente establecidas o cese en el ejercicio de la actividad profesional; interrupción de la lactancia natural o fallecimiento de la beneficiaria o del hijo lactante.

1.3.2. Prestación de incapacidad permanente en el RETA

Particularidades en la incapacidad permanente de los autónomos		• Estar al corriente en el pago de cuotas, de las que sean responsables directos los trabajadores. • En caso de no estar al corriente en el pago de las cuotas: invitación al pago.
	IPP	No se protege para contingencias comunes.
	IPT	• Se reconoce el incremento del 20 por 100 para mayores de 55 años (situaciones a partir de 01-01-2003). • Indemnización: dentro de los 30 días siguientes a la declaración de la incapacidad. Se podrá optar entre una cantidad a tanto alzado de 40 mensualidades de la base reguladora o una pensión vitalicia. • Siempre que el trabajador no tuviese cumplidos los 60 años de edad.
	Contingencias profesionales:	• No existe la posibilidad de establecer recargo por falta de medidas de prevención. • BR: según cotización en la fecha del hecho causante. • IPP: ocasiona al trabajador una disminución no inferior al 50 por 100 en su rendimiento normal para su profesión.
	BR	Las lagunas de cotización no se integran con las bases mínimas.

Se reconoce con las mismas condiciones que en el Régimen General, pero con las siguientes peculiaridades:

Incapacidad permanente parcial para la profesión habitual

La incapacidad permanente parcial en el RETA solo se protege cuando derive de contingencias profesionales. **(STS, rec. 3756/2014, de 29 de marzo de 2016, ECLI:ES:TS:2016:1753).**

Los trabajadores incluidos en este régimen especial podrán mejorar voluntariamente el ámbito de su acción protectora, incorporando la correspondiente a las contingencias de accidentes de trabajo y enfermedades profesionales, siempre que tengan cubierta dentro del mismo régimen especial la prestación económica por incapacidad temporal (art. 316 de la LGSS). (STS, rec. 3219/2005, de 28 de febrero de 2007, ECLI:ES:TS:2007:2626, y STS, rec. 1018/2011, de 23 de diciembre de 2011, ECLI:ES:TS:2011:9293).

Atendiendo a lo dispuesto en la STS, rec. 3557/2008, de 15 de septiembre de 2009, ECLI:ES:TS:2009:5992: «que citando sentencias anteriores de esta Sala, razonó que "el art. 27 del Decreto 2530/1970, de 20 de agosto, por el que se regula el Régimen Especial de la Seguridad Social de los Trabajadores por Cuenta Propia o Autónomos, prescribe lo siguiente: 1. La acción protectora de este Régimen Especial comprenderá: a) prestaciones por invalidez en los grados de incapacidad permanente total para la profesión habitual, incapacidad permanente absoluta para todo trabajo y gran invalidez (...). Por su parte el art. 36.1 dispone que estará protegida por este Régimen Especial de la Seguridad Social la situación de invalidez permanente, cualquiera que fuera su causa, en sus grados de incapacidad permanente total para la profesión habitual, incapacidad permanente absoluta para todo trabajo y gran invalidez. Y advierte que los textos transcritos de los precitados artículos 27.1a) y 36.1 del Decreto 2530/1970 son respectivamente reiterados en sus mismos términos por los art. 56.1 a) y 74.1 del a O.M. de 24 de septiembre de 1970, por la que se dictan normas para la aplicación y desarrollo del Régimen Especial de la Seguridad Social de los Trabajadores por Cuenta Propia o Autónomos. Así pues conforme a estas normas la acción protectora del RETA no se extiende a la incapacidad permanente parcial"».

Cuando la invalidez permanente derive de accidente, si el trabajador autónomo se encuentra en alta o en situación asimilada al alta, para tener derecho a la pensión, deberá acreditar un mínimo de 60 meses de cotización, dentro de los 10 últimos años. (STS, rec. 3316/2009, de 12 de mayo de 2010, ECLI:ES:TS:2010:3244).

Incapacidad permanente total para la profesión habitual

Pensión vitalicia del 55 por ciento de la base reguladora o una indemnización de cuarenta mensualidades de la citada base. La pensión de incapacidad permanente total para la profesión habitual se incrementará en un 20 por ciento de la base reguladora que se tenga en cuenta para determinar la cuantía de la pensión, cuando se acrediten los siguientes requisitos (art. 58.2 del Decreto 3772/1972, de 23 de diciembre):

- Que el pensionista tenga una edad igual o superior a los 55 años. En los casos en los que el reconocimiento inicial de la pensión de incapacidad permanente se efectúe a una edad inferior a la señalada, el incremento del 20 por ciento se aplicará desde el día 1.º del mes siguiente a aquel en que el trabajador cumpla los 55 años de edad, siempre que a dicha fecha se reúnan los requisitos establecidos en los párrafos siguientes. En los supuestos en que el derecho al incremento del 20 por ciento nazca en un año natural posterior a aquel en que se produjo el reconocimiento inicial de la pensión de incapacidad permanente total para la profesión habitual, a ésta, incrementada con el mencionado 20 por ciento, se le aplicarán las revalorizaciones que, para las pensiones de la misma naturaleza, hubiesen tenido lugar desde la expresada fecha.

• Que el pensionista no ejerza una actividad retribuida por cuenta ajena o por cuenta propia que dé lugar a su inclusión en cualquiera de los regímenes de la Seguridad Social. El incremento de la pensión quedará en suspenso durante el período en que el trabajador obtenga un empleo o efectúe una actividad lucrativa por cuenta propia que sea compatible con la pensión de incapacidad permanente total que viniese percibiendo.

• Que el pensionista no ostente la titularidad de una explotación agraria o marítimo-pesquera, o de un establecimiento mercantil o industrial como propietario, arrendatario, usufructuario u otro concepto análogo.

No se integran las lagunas de cotización con la base mínima

En el caso de los trabajadores autónomos no es de aplicación la integración de períodos no cotizados con bases mínimas establecidos en el art. 197.4 de la LGSS. (STS, rec. 1394/2010, de 24 de enero de 2011, ECLI:ES:TS:2011:318, y STS, rec. 3506/2005, de 21 de septiembre de 2006, ECLI:ES:TS:2006:5524).

RESOLUCIÓN RELEVANTE

STSJ de Cantabria, rec. 27/2023, de 27 de febrero de 2023, ECLI:ES:TSJCANT:2023:102

Se analiza el cálculo de la base reguladora de la incapacidad permanente total para la profesión habitual de un autónomo desde una situación asimilada al alta sin cotizaciones en los años anteriores al hecho causante. El cálculo de la base reguladora debe hacerse tomando en consideración las últimas bases de cotización con las revalorizaciones pertinentes. En el caso de trabajadores autónomos no se admite la integración de lagunas (art. 197.4 de la LGSS):

«(...) "el supuesto de falta de cotización en los 15 años anteriores al hecho causante no está regulado ni en la LGSS, ni en sus disposiciones de aplicación y desarrollo, porque: 1°) se está ante un supuesto específico que no ha sido objeto de regulación, pues no cabe entender que se haya querido negar el contenido económico del derecho, ya que en ese caso no hubiese permitido el acceso a la prestación; 2°) hay semejanza entre este supuesto específico y los regulados en el Anexo VI.D. 4 del Reglamento 1408/1971 (hoy sustituido por el Reglamento CEE 883/2004) y en el Decreto 1646/1972, pues en los dos supuestos el solicitante cumple los requisitos de acceso a la protección y tiene derecho a la prestación y en los dos casos no hay bases computables para su cálculo y 3°) hay identidad de razón: solucionar el problema que deriva de la falta de cotización en el periodo de cómputo cuando no se puede acudir a la integración de lagunas prevista en los arts. 140.4 y 162.1.2 de la LGSS", precisando las referidas sentencias de *casación unificadora que "no se trata propiamente de una aplicación de la técnica del 'paréntesis'... sino de un cálculo de la base reguladora sobre un periodo de cómputo diferido en función de la extinción de la obligación de cotizar"».*

1.3.3. Prestación de jubilación en el RETA

La **prestación por jubilación** se reconoce en los mismos términos y condiciones que en el Régimen General de la Seguridad Social, pero con peculiaridades en relación a:

- **Edad de jubilación del autónomo**: según la letra a) del art. 205 de la LGSS y D.T. 7.ª de la LGSS, que se aumentará de forma paulatina hasta los 67 años en 2027.

- **Período mínimo de cotización**: 15 años de los cuales, al menos, 2 deberán estar comprendidos dentro de los últimos 15 años de trabajo.

- **Cuantía**: dependerá de la cantidad que se haya cotizado en la cuota de autónomos y del número de años cotizados.

> **A TENER EN CUENTA.** Se aplicará en materia de jubilación en el RETA las modificaciones sobre los arts. 209 —excepto la letra b) del apartado 1— (en vigor desde el 01/01/2026), y 249 quater (con efectos de 01/04/2023) de la LGSS realizadas por el Real Decreto-ley 1/2023, de 10 de enero (reforma de las pensiones 2023).

Actualmente, las personas trabajadoras autónomas pueden acogerse a las siguientes modalidades:

Jubilación anticipada

La normativa permite la jubilación anticipada voluntaria de las personas trabajadoras autónomas de cumplir los requisitos exigidos en el art. 208 de la LGSS:

- Tener cumplida una **edad** que sea inferior en dos años, como máximo, a la edad que en cada caso resulte de aplicación [art. 205.1.a) de la LGSS].

- Acreditar un período **mínimo de cotización** efectiva de treinta y cinco años, sin que, a tales efectos, se tenga en cuenta la parte proporcional por pagas extraordinarias. A estos exclusivos efectos, solo se computará el período de prestación del servicio militar obligatorio o de la prestación social sustitutoria, o del servicio social femenino obligatorio, con el límite máximo de un año.

- Una vez acreditados los requisitos generales y específicos de dicha modalidad de jubilación, el **importe de la pensión a percibir** ha de resultar superior a la cuantía de la pensión mínima que correspondería al interesado por su situación familiar al cumplimiento de los sesenta y cinco años de edad. En caso contrario, no se podrá acceder a esta fórmula de jubilación anticipada.

Coeficientes reductores: en los casos de acceso a la jubilación anticipada, la pensión será objeto de reducción mediante la aplicación, por cada mes o fracción de mes que, en el momento del hecho causante, le falte al trabajador para cumplir la edad legal de jubilación, de los coeficientes que resultan del cuadro contenido en el art. 208.2 de la LGSS en función del período de cotización acreditado y los meses de anticipación.

A TENER EN CUENTA. Otras posibilidades para adelantar la edad de jubilación de los trabajadores autónomos:

a) Los trabajadores autónomos con discapacidad estarán comprendidos en la regulación de una posible anticipación de la edad de jubilación. El art. 206 bis del LGSS hace referencia a personas trabajadoras con discapacidad en general por lo que hemos de entender que los autónomos estarán comprendidos en la regulación de una posible anticipación de la edad de jubilación en este caso. Por tanto, en función de la discapacidad del trabajador, será aplicable tanto el RD 1539/2003, de 5 de diciembre, como el RD 1851/2009, de 4 de diciembre.

b) Naturaleza tóxica, peligrosa o penosa de la actividad ejercida. La edad mínima de acceso a la pensión de jubilación [art. 205.1.a) de la LGSS] podrá ser rebajada por real decreto, a propuesta del titular del Ministerio de Inclusión, Seguridad Social y Migraciones, en aquellos grupos o actividades profesionales cuyos trabajos sean de naturaleza excepcionalmente penosa, tóxica, peligrosa o insalubre y acusen elevados índices de morbilidad o mortalidad, siempre que los trabajadores afectados acrediten en la respectiva profesión o trabajo el mínimo de actividad que se establezca (art. 206 del LGSS).

c) Condición de mutualista. La normativa también establece que podrán acceder a la jubilación anticipada los autónomos que **hayan sido mutualistas a 1 de enero de 1967** y que a lo largo de su vida laboral hayan cotizado tanto en el régimen general como en el RETA.

Jubilación parcial

Lo dispuesto en relación con la jubilación parcial de los trabajadores por cuenta propia será de aplicación en los términos y condiciones que se establezcan reglamentariamente para los trabajadores autónomos (aplicación del art. 215 de la LGSS).

El sistema de jubilación parcial anticipada para trabajadores autónomos no se ha regulado por el momento.

Continuidad de la actividad tras el cumplimiento de la edad de jubilación por el trabajador autónomo

Existen tres posibilidades:

Compatibilidad de la pensión con el trabajo

El art. 214 de la LGSS establece la compatibilidad de la realización de trabajos por cuenta propia con la percepción de la pensión de jubilación contributiva en determinados supuestos:

1. **Compatibilidad de la percepción del 50 por ciento de la pensión de jubilación contributiva con la realización de trabajos por cuenta**

propia por parte del autónomo (cuando el autónomo no tenga contratados trabajadores por cuenta ajena).

2. **Compatibilidad de la percepción del 100 por ciento de la pensión de jubilación contributiva con la realización de trabajos por cuenta propia por parte del autónomo** (siempre que el autónomo acredite tener contratado, al menos, a un trabajador por cuenta ajena).

3. **Compatibilidad de la pensión de jubilación contributiva del autónomo con la realización de trabajos por cuenta ajena.** Los arts. 213-214 de la LGSS regulan el disfrute de la pensión de jubilación, en su modalidad contributiva, con la compatibilidad de la realización de cualquier trabajo por cuenta ajena o por cuenta propia del pensionista.

De esta forma, respetando el histórico régimen de **incompatibilidades**, establecido por el art. 213 de la LGSS, el disfrute de la pensión de jubilación, en su modalidad contributiva, **será compatible con la realización de cualquier trabajo por cuenta ajena o por cuenta propia del pensionista**, en los términos antes citados recogidos en el art. 214 de la LGSS.

Durante la realización de un trabajo por cuenta propia compatible con la pensión de jubilación (art. 214 de la LGSS), las personas trabajadoras por cuenta propia o autónomas cotizarán a este régimen especial únicamente por incapacidad temporal y por contingencias profesionales, si bien quedarán sujetos a una cotización especial de solidaridad del 9 por ciento sobre su base de cotización por contingencias comunes, no computable a efectos de prestaciones (art. 310 de la LGSS).

| **Mantenimiento en la actividad sin jubilarse:**

Los trabajadores incluidos en este régimen especial quedarán exentos de cotizar a la Seguridad Social, salvo por incapacidad temporal y por contingencias profesionales, una vez hayan alcanzado la edad de acceso a la pensión de jubilación que en cada caso resulte de aplicación [arts. 205.1.a) y 311 de la LGSS].

El período durante el que se haya extendido dichas exenciones será considerado como cotizado a efectos del cálculo de la pensión correspondiente (art. 320 y D.A. 12.ª de la LGSS].

| **Acceso a jubilación de autónomo manteniendo la titularidad del negocio:**

El percibo de una pensión de jubilación es compatible con el mantenimiento de la titularidad del negocio cuando únicamente se realicen funciones propias de dirección que no pudiesen ser delegadas (art. 213 de la LGSS y art. 93 de la Orden de 24 de septiembre de 1970).

CUESTIÓN

¿Cómo afecta el Real Decreto-ley 32/2021, de 28 de diciembre, a las pensiones por jubilación de las personas trabajadoras autónomas?

En materia de jubilación resultará aplicable a las personas trabajadoras autónomas la regulación general que se expone:

- Beneficiarios de la jubilación en su modalidad contributiva (art. 205 de la LGSS).

- Jubilación anticipada por razón de la actividad (art. 206 de la LGSS).

- Jubilación anticipada en caso de discapacidad (art. 206 bis de la LGSS).

- Jubilación anticipada por voluntad del interesado (art. 208 de la LGSS).

- Base reguladora de la pensión de jubilación [art. 209, excepto la letra b) del apartado 1) ya que en el RETA no existe la integración de lagunas].

- Cuantía de la pensión (art. 210 de la LGSS).

- Incompatibilidades (art. 213 de la LGSS).

- Pensión de jubilación y envejecimiento activo (art. 214 de la LGSS).

- Aplicación gradual de coeficientes reductores de la edad de jubilación según lo previsto en el artículo 210.3 cuando la pensión supere el límite establecido para el importe de las pensiones (D.T. 34.ª de la LGSS).

Del mismo modo, se ha modificado la redacción del art. 311 de la LGSS relativo a la cotización al RETA a partir de la edad de jubilación.

1.3.4. Prestaciones por muerte y supervivencia en el RETA

En caso de muerte, cualquiera que fuera su causa, se otorgarán, según los supuestos, alguna o algunas de las prestaciones siguientes (art. 46 del Decreto 2530/1970, de 20 de agosto):

- Subsidio de defunción.

- Pensión vitalicia de viudedad.

- Pensión de orfandad.

- Pensión vitalicia o, en su caso, subsidio temporal en favor de familiares.

Causarán derecho a las prestaciones citadas las personas incluidas en el campo de aplicación del RETA que cumplan las condiciones generales exigidas (estar afiliadas y en alta o en situaciones asimiladas a alta) y el período mínimo de cotización.

Serán las mismas que en el Régimen General de la Seguridad Social, con las especialidades siguientes:

- A partir del 1 de enero de 2004, los trabajadores que se hayan acogido a la mejora voluntaria de la acción protectora de estas contingencias, y que, del mismo modo, hayan optado por la cobertura de la prestación económica por incapacidad temporal tendrán derecho a esta prestación.

- No se aplicará recargo de las prestaciones por falta de medidas de prevención de riesgos laborales.

- Si el fallecimiento deriva de accidente de trabajo o enfermedad profesional, la base reguladora será el equivalente a la base de cotización del trabajador en la fecha del hecho causante.

- En los supuestos de exoneración de cuotas, las bases de cotización mensuales de cada ejercicio económico exentas de cotización serán equivalentes al resultado de incrementar el promedio de las bases de cotización del año natural inmediatamente anterior en el tanto por cien de variación media conocida del IPC en el último año indicado. De manera que las bases se encuentren entre las máximas y mínimas establecidas en la Ley de Presupuestos Generales del Estado para estos trabajadores.

1.3.5. Prestación económica de cese de actividad en el RETA

El sistema específico de protección por el cese de actividad forma parte de la acción protectora del sistema de la Seguridad Social, es de carácter obligatorio y tiene por objeto dispensar a las personas trabajadoras autónomas una serie de prestaciones y medidas ante la situación de cese la actividad que originó el alta en el régimen especial. (STSJ de Castilla La-Mancha n.º 1252/2018, de 4 de octubre de 2018, ECLI:ES:TS-JCLM:2018:2273).

El cese de actividad podrá ser definitivo o temporal. El cese temporal podrá ser total, que comporta la interrupción de todas las actividades que puedan originar el alta en el régimen especial en el que la persona trabajadora por cuenta propia o autónoma figure encuadrada (supuestos regulados en el art. 331 de la LGSS), o parcial, cuando se produzca una reducción de la actividad en los términos previstos legalmente.

La protección por cese de actividad alcanzará también a los socios trabajadores de las cooperativas de trabajo asociado que hayan optado por su encuadramiento como trabajadores por cuenta propia en el régimen especial que corresponda, así como a los trabajadores autónomos que ejerzan su actividad profesional conjuntamente con otros en régimen societario o bajo cualquier otra forma jurídica admitida en derecho, siempre que, en ambos casos, cumplan con los requisitos regulados en este título con las peculiaridades contempladas, respectivamente, en los arts. 335 y 336 de la LGSS.

Se encontrarán en **situación legal de cese de actividad** (art. 331 de la LGSS) todos aquellos trabajadores autónomos que cesen en el ejercicio de su actividad por alguna de las causas siguientes:

- Por la concurrencia de motivos económicos, técnicos, productivos u organizativos determinantes de la inviabilidad de proseguir la actividad económica o profesional.

- Por fuerza mayor, determinante del cese temporal o definitivo de la actividad económica o profesional.

- Por pérdida de la licencia administrativa, siempre que la misma constituya un requisito para el ejercicio de la actividad económica o profesional y no venga motivada por la comisión de infracciones penales.

- Por violencia de género [arts. 331.1.d) de la LGSS, 21.5 de la Ley Orgánica 1/2004, de 28 de diciembre, y 38.5 de la Ley Orgánica 10/2022, de 6 de septiembre].

- Por divorcio o separación matrimonial, mediante resolución judicial, en los supuestos en que el autónomo ejerciera funciones de ayuda familiar en el negocio de su excónyuge o de la persona de la que se ha separado, en función de las cuales estaba incluido en el correspondiente Régimen de la Seguridad Social.

> **A TENER EN CUENTA.** Cuando la persona trabajadora por cuenta propia o autónoma tenga a uno o más trabajadores a su cargo y concurra alguna de las causas expuestas, será requisito previo al cese de actividad el cumplimiento de las garantías, obligaciones y procedimientos regulados en la legislación laboral (art. 330.2 de la LGSS).

Los **requisitos** para el nacimiento del derecho a la protección por cese de actividad se regulan en el art. 330 de la LGSS:

- Estar afiliadas y en alta en el Régimen Especial de Trabajadores por Cuenta Propia o Autónomos o en el Régimen Especial de los Trabajadores del Mar, en su caso.

- Tener cubierto el período mínimo de cotización exigido legalmente (art. 338 de la LGSS).

- Encontrarse en situación legal de cese de actividad, suscribir el acuerdo de actividad (art. 3 de la Ley 3/2023, de 28 de febrero), y acreditar activa disponibilidad para la reincorporación al mercado de trabajo a través de las actividades formativas, de orientación profesional y de promoción de la actividad emprendedora a las que pueda convocarle el servicio público de empleo de la correspondiente comunidad autónoma o, en su caso, el Instituto Social de la Marina.

- En el supuesto de cese definitivo, no haber cumplido la edad ordinaria para causar derecho a la pensión contributiva de jubilación, salvo que el trabajador autónomo no tuviera acreditado el período de cotización requerido para ello.

- Hallarse al corriente en el pago de las cuotas a la Seguridad Social. No obstante, si en la fecha de cese de actividad no se cumpliera este requisito, el órgano gestor invitará al pago al trabajador autónomo para que en el plazo improrrogable de treinta días naturales ingrese las cuotas debidas. La regularización del descubierto producirá plenos efectos para la adquisición del derecho a la protección.

- Para causar derecho al cese previsto por motivos económicos, técnicos, productivos u organizativos [art. 331.1.a), puntos 4.º y 5.º, de la LGSS], la persona trabajadora autónoma no podrá ejercer otra actividad (salvo lo previsto en el art. 342.3 de la LGSS).

El art. 339 de la LGSS regula la cuantía de la prestación económica por cese de la actividad.

Cuantía de la prestación por cese de actividad	Con carácter general	70 % Base reguladora	BR: Promedio de las bases por las que se hubiere cotizado durante los 12 meses continuados e inmediatamente anteriores a la situación legal de cese.
			Régimen especial de los trabajadores del mar: se calculará sobre la totalidad de la base de cotización por esta contingencia, sin aplicación de los coeficientes correctores de cotización.
			Los períodos de veda obligatoria aprobados por la autoridad competente no se tendrán en cuenta para el cómputo del período de doce meses continuados e inmediatamente anteriores a la situación legal de cese de actividad, siempre y cuando en esos períodos de veda no se hubiera percibido la prestación por cese de actividad.
	Desde el 01/01/2023	50 % Base reguladora	Supuestos epígrafes 4.º y 5.º del art. 331.1.a) de la LGSS: • Cuando la persona trabajadora autónomo tenga trabajadores asalariados y realice un ERTE de suspensión de contrato o reducción de jornada [supuestos previstos en el art. 331.1.a).4.º de la LGSS]. • En caso de existencia de deudas cuando la persona trabajadora autónomo no tenga trabajadores asalariados [supuestos previstos en el art. 331.1.a).5.º de la LGSS]. Suspensión temporal parcial debida a fuerza mayor [art. 331.1.b) de la LGSS].
	Cuantía mínima		107 % o del 80 % IPREM, según el trabajador autónomo tenga hijos a su cargo o no.
	Cuantía máxima		175 % IPREM
			Uno o más hijos a cargo — 200 % o del 225 % IPREM

Cuantía de la prestación por cese de actividad	Cuantía máxima	175 % IPREM	
		Uno o más hijos a cargo	200 % o del 225 % IPREM
	No se aplicará el límite máximo ni mínimo	No serán de aplicación estos límites a supuestos previstos en los epígrafes 4.º y 5.º del apartado 1.a) del artículo 331 ni a los supuestos de suspensión temporal parcial debidas a fuerza mayor previstos en el artículo 331.1.b) de la LGSS.	

La prestación **también supondrá el abono de la cotización a la Seguridad Social del trabajador autónomo** al régimen correspondiente [art. 329.1.b) de la LGSS]:

- **Con carácter general**: el órgano gestor se hará cargo de la cuota que corresponda durante la percepción de las prestaciones económicas por cese de actividad. La base de cotización durante ese período corresponde a la base reguladora de la prestación por cese de actividad, sin que, en ningún caso, la base de cotización pueda ser inferior al importe de la base mínima o base única de cotización prevista en el correspondiente régimen.

- **Supuestos epígrafes 4.º y 5.º del art. 331.1.a) de la LGSS**: el órgano gestor se hará cargo del 50 por ciento de la cuota que corresponda durante la percepción de la prestación económica, siendo el otro 50 por ciento a cargo del trabajador. El órgano gestor abonará a la persona trabajadora autónoma, junto con la prestación por cese de la actividad, el importe de la cuota que le corresponda, siendo la persona trabajadora autónoma la responsable del ingreso de la totalidad de las cotizaciones a la Seguridad Social.

- **En caso de violencia de género o la violencia sexual determinante del cese temporal o definitivo de la actividad de la trabajadora autónoma** [supuesto art. 331.1.d) de la LGSS]: no existirá la obligación de cotizar a la Seguridad Social.

A efectos de calcular las cuantías máxima y mínima de la prestación por cese de actividad:

- **Se entenderá que se tienen hijos a cargo**, cuando estos sean menores de veintiséis años, o mayores con una discapacidad en grado igual o superior al 33 por ciento, carezcan de rentas de cualquier naturaleza iguales o superiores al salario mínimo interprofesional excluida la parte proporcional de las pagas extraordinarias, y convivan con el beneficiario.

- **Se tendrá en cuenta el indicador público de rentas de efectos múltiples mensual**, incrementado en una sexta parte, vigente en el momento del nacimiento del derecho.

RESOLUCIONES RELEVANTES

STSJ de la Comunidad Valenciana n.º 949/2014, de 15 de abril, ECLI:ES:TSJCV:2014:2687

La norma condiciona la concesión de la prestación, no solo a tener determinada carencia mínima, a partir de la cual la duración de la prestación puede llegar a ser de un año, sino también a **hallarse al corriente en el pago**. Para el TS, **debió hacerse efectivo el mecanismo de la invitación al pago**, expresamente recogido en la norma que especialmente regula el cese de actividad, pues tal mecanismo conlleva la validez de las cotizaciones ingresadas en su cumplimiento. Tras mencionar que la propia D.A. 39.ª del Texto Refundido de la LGSS concede validez a las cuotas ingresadas por tal mecanismo o con retraso, entiende que «en la cotización previa a efectos de la prestación de cese de actividad se computan todas las cotizaciones correspondientes a períodos de alta y actividad anteriores al hecho causante, ya efectuadas en su momento o con posterioridad a iniciativa del autónomo o tras el mecanismo de invitación al pago».

STSJ de Castilla y León, rec. 97/2016, de 9 de marzo de 2016, ECLI:ES:TSJCL:2016:881

La normativa reguladora «no contiene, para determinar el concepto de pérdidas e ingresos, otros criterios distintos a los que resultan de la legislación contable, por lo que el autónomo no debe computar su subsidio de incapacidad temporal o cualquier otra prestación de Seguridad Social sustitutiva de las rentas del trabajo como ingresos para determinar si tiene beneficios o pérdidas».

1.3.6. Servicios sociales, prestaciones familiares y asistencia social en el RETA

Serán las prestaciones establecidas legalmente y, en todo caso, comprenderá las prestaciones en materia de reeducación, de rehabilitación de personas con discapacidad, de asistencia a la tercera edad y de recuperación profesional.

De las llamadas prestaciones familiares, el autónomo únicamente se beneficia de la modalidad no contributiva que, como todo este tipo de prestaciones, dependen de la falta de rentas.

Las prestaciones económicas de asistencia social (PEAS) son ayudas no periódicas, destinadas a las personas físicas de escasos recursos económicos con el fin de atender concretas situaciones de necesidad o emergencia.

La carencia de recursos económicos para afrontar necesidades esenciales relacionadas con la alimentación, la higiene, el vestido, suministros básicos, alojamiento, equipamiento básico del hogar, transporte, prótesis, etc., serán dictaminadas en función de los requisitos establecidos por la institución que las otorgue.

1.3.7. Cuidado de menores afectados por cáncer u otra enfermedad grave en el RETA

Los trabajadores por cuenta propia o autónomos incluidos en el RETA tendrán derecho a la prestación en los mismos términos y condiciones que en el Régimen General (arts. 190-192 de la LGSS y Real Decreto 1148/2011, de 29 de julio), con las siguientes peculiaridades:

- Para las personas trabajadoras por cuenta propia, se considera situación protegida a los períodos de cese parcial en la actividad. Los porcentajes de reducción de jornada, que consistirán en, al menos, un 50 por ciento de la jornada, se entenderán referidos a una jornada de cuarenta horas semanales.

- Al solicitar el subsidio, deberán presentar una declaración indicando expresamente el porcentaje de reducción de su actividad profesional, en relación con una jornada semanal de cuarenta horas. Asimismo, presentarán declaración de la situación de la actividad referida a la parte de jornada profesional que se reduce.

- Para el cálculo del subsidio, la base reguladora establecida será la de la incapacidad temporal derivada de contingencias profesionales o, en su caso, la derivada de contingencias comunes, cuando no se haya optado por la cobertura de las contingencias profesionales.

- Si no se tiene cubierta la contingencia de incapacidad temporal, la base reguladora de la misma estará constituida por la base de cotización de contingencias comunes.

- Cuando no se tenga la cobertura de los riesgos profesionales, será competente para la gestión de la prestación la entidad gestora o mutua que asuma la cobertura de la incapacidad temporal por contingencias comunes.

- Si no se ha optado por la cobertura de la incapacidad temporal, la gestión se atribuirá a la correspondiente entidad gestora de la Seguridad Social.

1.4. Regulación del accidente laboral en el RETA

Se entenderá como **accidente de trabajo del trabajador autónomo** el ocurrido como consecuencia directa e inmediata del trabajo que realiza por su propia cuenta y que determina su inclusión en el campo de aplicación de este régimen especial.

AT	AUTÓNOMO	TRADE
CONCEPTO	Se entenderá como accidente de trabajo del trabajador autónomo el ocurrido como consecuencia directa e inmediata del trabajo que realiza por su propia cuenta y que determina su inclusión en el campo de aplicación de dicho Régimen Especial.	Se entenderá por accidente de trabajo toda lesión corporal del trabajador autónomo económicamente dependiente que sufra con ocasión o por consecuencia de la actividad profesional. (Salvo prueba en contrario, se presumirá que el accidente no tiene relación con el trabajo cuando haya ocurrido fuera del desarrollo de la actividad profesional de que se trate).

AT	AUTÓNOMO	TRADE
ACCIDENTE IN ITINERE	Con efectos de 26/10/2017: SÍ	SÍ
RELACIÓN DE CAUSALIDAD	La lesión ha de guardar una relación directa e inmediata con el trabajo que determine la inclusión en el RETA.	Ha de existir una relación de causalidad entre la lesión y la actividad profesional, directa («como consecuencia») o indirecta («con ocasión»).
NORMATIVA REGULADORA	Art. 3 del Real Decreto 1273/2003, de 10 de octubre. Art. 316 de la LGSS.	Art. 26.1.c) de la LETA. Art. 317 de la LGSS.

El art. 316 de la LGSS (en consonancia con el art. 3 del Real Decreto 1273/2003, de 10 de octubre) establece el concepto de accidente de trabajo para la persona trabajadora adscrita al RETA:

«2. Se entenderá como accidente de trabajo del trabajador autónomo el ocurrido como consecuencia directa e inmediata del trabajo que realiza por su propia cuenta y que determina su inclusión en el campo de aplicación de este régimen especial. Se entenderá, a idénticos efectos, por enfermedad profesional la contraída a consecuencia del trabajo ejecutado por cuenta propia, que esté provocada por la acción de los elementos y sustancias y en las actividades que se especifican en la lista de enfermedades profesionales con las relaciones de las principales actividades capaces de producirlas, anexa al Real Decreto 1299/2006, de 10 de noviembre, por el que se aprueba el cuadro de enfermedades profesionales en el sistema de la Seguridad Social y se establecen criterios para su notificación y registro.

También se entenderá como accidente de trabajo el sufrido al ir o al volver del lugar de la prestación de la actividad económica o profesional. A estos efectos se entenderá como lugar de la prestación el establecimiento en donde el trabajador autónomo ejerza habitualmente su actividad siempre que no coincida con su domicilio y se corresponda con el local, nave u oficina declarado como afecto a la actividad económica a efectos fiscales».

En el caso de los **trabajadores autónomos económicamente dependientes (TRADE)**, tienen incluida, obligatoriamente, dentro del ámbito de la acción protectora de la Seguridad Social, la cobertura de la incapacidad temporal y de los accidentes de trabajo y enfermedades profesionales. Para el caso de los TRADE, se entenderá por accidente de trabajo toda lesión corporal del trabajador autónomo económicamente dependiente que sufra con ocasión o por consecuencia de la actividad profesional, considerándose también accidente de trabajo el que sufra el trabajador al ir o volver del lugar de la prestación de la actividad, o por causa o consecuencia de la misma. Salvo prueba en contrario, se presumirá que el accidente no tiene relación con el trabajo cuando haya ocurrido fuera del desarrollo de la actividad profesional de que se trate [art. 26.1.c) de la LETA y art. 317 de la LGSS].

A TENER EN CUENTA. La cobertura de las contingencias profesionales se llevará a cabo con la misma entidad, gestora o colaboradora, con la que se haya formalizado la cobertura de la incapacidad temporal y determinará la obligación de efectuar las correspondientes cotizaciones para la prestación de cese de actividad.

JURISPRUDENCIA

STS, rec. 1253/2008, de 10 de febrero de 2009, ECLI:ES:TS:2009:3231

El Tribunal Supremo ha considerado que debe exigirse, a un trabajador por cuenta propia incluido en el Régimen Especial de Trabajadores Autónomos, el cumplimiento del requisito general de encontrarse al corriente en el pago de las cuotas en la fecha del hecho causante para el reconocimiento del derecho a prestación por incapacidad temporal consecuencia de accidente de trabajo, sin perjuicio de los efectos de la invitación al ingreso de las cuotas debidas en los casos en que aquella proceda, previstos en el art. 28 del Decreto 2530/1970, de 20 de agosto, y como tal invitación, debe equipararse el ingreso de las cuotas pendientes en vía de apremio.

En este sentido, **tendrán la consideración de accidente laboral**:

1. Los sucedidos en actos de salvamento y otros de naturaleza análoga, cuando tengan conexión con el trabajo.

2. Las lesiones que sufra el trabajador durante el tiempo y en el lugar del trabajo, una vez probada la conexión con el trabajo realizado por cuenta propia.

3. Las enfermedades, no incluidas en la definición de enfermedad profesional que contraiga el trabajador con motivo de la realización de su trabajo, siempre que se pruebe que la enfermedad tuvo por causa exclusiva la ejecución de aquél.

4. Las enfermedades o defectos padecidos con anterioridad por el trabajador que se agraven como consecuencia de las lesiones constitutivas del accidente

5. Las consecuencias del accidente que resulten modificadas en su naturaleza, duración, gravedad o terminación, por enfermedades intercurrentes, que constituyan complicaciones derivadas del proceso patológico determinado por el accidente mismo o tengan su origen en afecciones adquiridas en el nuevo medio en que se haya situado el paciente para su curación

6. El sufrido al ir o al volver del lugar de la prestación de la actividad económica o profesional

A TENER EN CUENTA. Se entiende por enfermedad profesional la contraída a consecuencia del trabajo ejecutado por cuenta propia, en la actividad en virtud de la cual el trabajador está incluido en el campo de aplicación del régimen especial, que esté provocada por la acción de los elementos y sustancias y en las actividades contenidos en la lista de enfermedades profesionales con las relaciones de las principales actividades capaces de producirlas, anexa al Real Decreto 1995/1978, de 12

> de mayo, y desde el 1 de enero de 2007, al Real Decreto 1299/2006, de 10 de noviembre, por el que se aprueba el cuadro de enfermedades profesionales en el sistema de la Seguridad Social y se establecen criterios para su notificación y registro.

Mientras que, por el contrario, **no tendrán la consideración de accidentes de trabajo** en el RETA:

1. Los que sean debidos a fuerza mayor extraña al trabajo, entendiéndose por esta la que sea de tal naturaleza que ninguna relación guarde con el trabajo que se ejecutaba al ocurrir el accidente. En ningún caso se considera fuerza mayor extraña al trabajo la insolación, el rayo y otros fenómenos análogos de la naturaleza.

2. Los que sean debidos a dolo o a imprudencia temeraria del trabajador.

Relación de causalidad entre la lesión y el trabajo

El concepto de accidente de trabajo está referido al trabajo realizado por el autónomo que genera su inclusión en el Régimen Especial de Trabajadores Autónomos. Es decir, se considerará accidente laboral de un trabajador autónomo o por cuenta propia el sufrido en la actividad que lleve a cabo de forma habitual, personal y directa a título lucrativo. Teniendo en cuenta esto debe aclararse lo siguiente:

a) Aquellas actividades posibles y eventuales que no impliquen la inserción en el RETA del trabajador quedarían sin cobertura por accidente de trabajo.

b) En los supuestos de pluriactividad, cuando el autónomo realiza una actividad que origine su inclusión en el Régimen Especial de Trabajadores Autónomos y otra en otro régimen especial distinto, ante un accidente ocurrido en la actividad del segundo régimen, el autónomo carecería de cobertura.

c) Igualmente se encontrarán excluidos los accidentes fortuitos, de fuerza mayor y los accidentes *in itinere*.

Accidente de trabajo «in itinere» de una persona autónoma trabajadora

El art. 14 de la Ley 6/2017, de 24 de octubre ha modificado el art. 316.2 de la LGSS, ampliando la existencia de accidente de trabajo el autónomo al «sufrido al ir o al volver del lugar de la prestación de la actividad económica o profesional».

A estos efectos, se entenderá como lugar de la prestación el establecimiento en donde el trabajador autónomo ejerza habitualmente su actividad siempre que no coincida con su domicilio y se corresponda con el local, nave u oficina declarado como afecto a la actividad económica a efectos fiscales.

REQUISITOS PARA LA CONSIDERACIÓN DE ACCIDENTE *IN ITINERE* EN AUTÓNOMOS

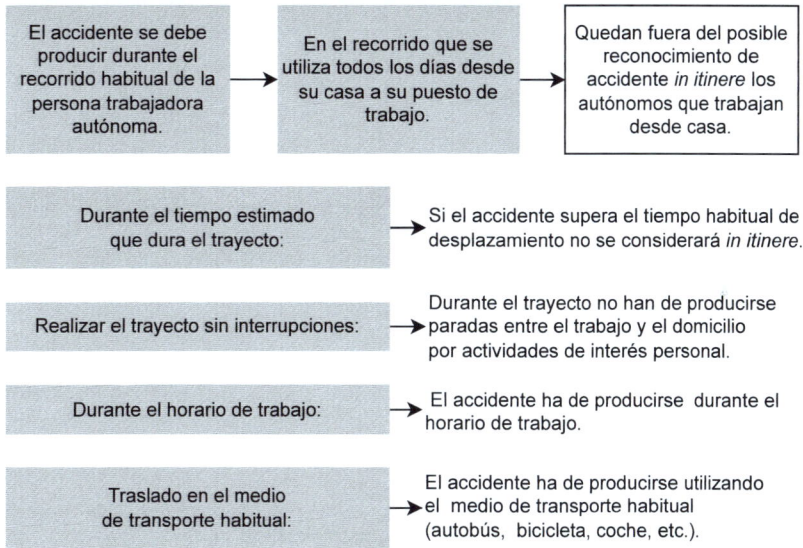

Art. 316.2 de la LGSS.
Art. 3 del RD 1273/2003, de 10 de octubre.

- Se entenderá como accidente de trabajo del trabajador autónomo el ocurrido como consecuencia directa e inmediata del trabajo que realiza por su propia cuenta y que determina su inclusión en el campo de aplicación del RETA.
- También se entenderá como accidente de trabajo el sufrido al ir o al volver del lugar de la prestación de la actividad económica o profesional. A estos efectos, se entenderá como lugar de la prestación el establecimiento en donde el trabajador autónomo ejerza habitualmente su actividad, siempre que no coincida con su domicilio y se corresponda con el local, nave u oficina declarado como afecto a la actividad económica a efectos fiscales.

| El accidente se debe producir durante el recorrido habitual de la persona trabajadora autónoma. | → En el recorrido que se utiliza todos los días desde su casa a su puesto de trabajo. | → Quedan fuera del posible reconocimiento de accidente *in itinere* los autónomos que trabajan desde casa. |

| Durante el tiempo estimado que dura el trayecto: | → Si el accidente supera el tiempo habitual de desplazamiento no se considerará *in itinere*. |

| Realizar el trayecto sin interrupciones: | → Durante el trayecto no han de producirse paradas entre el trabajo y el domicilio por actividades de interés personal. |

| Durante el horario de trabajo: | → El accidente ha de producirse durante el horario de trabajo. |

| Traslado en el medio de transporte habitual: | → El accidente ha de producirse utilizando el medio de transporte habitual (autobús, bicicleta, coche, etc.). |

RESOLUCIÓN RELEVANTE

STSJ de Castilla y León, rec. 441/2022, 25 de julio de 2022, ECLI:ES:TSJCL:2022:3299 y STSJ de Castilla y León, rec. 148/2023, de 16 de noviembre del 2023, ECLI:ES:TSJCL:2023:4391

Se analizan los requisitos necesarios para que un autónomo pruebe que un accidente de tráfico deriva de su trabajo: «El trabajador por cuenta propia habrá de probar en todo caso la relación de causalidad existente entre las lesiones sufridas y el trabajo realizado por cuenta propia que dio lugar a la inclusión en este Régimen especial, exigencia hasta cierto punto lógica por las menores posibilidades de controlar la actuación del autónomo y las mayores dificultades para investigar las condiciones en que se producen los accidentes de este colectivo. La exigencia de que, para su calificación como laboral, el accidente traiga su causa inmediata y directa en la actividad desarrollada, y la consiguiente supresión del principio de ocasionalidad, justifica esta exclusión, amén de que con frecuencia será difícil deslindar si el autónomo está trabajando, trasladándose al centro o, sencillamente, en su tiempo libre. Y es que, como bien ha señalado la doctrina, si para el trabajador por cuenta ajena queda claro que la jornada laboral se inicia cuando éste se encuentra en su puesto de trabajo (art. 34.5 ET), tal consideración no puede trasladarse cuando la prestación de servicios se realiza por cuenta propia (...)"».

Presunción de laboralidad en el accidente sufrido en tiempo o lugar de trabajo por parte de una persona autónoma trabajadora

En el caso de las personas trabajadoras autónomas, para los accidentes acaecidos en tiempo y lugar de trabajo, la presunción de laboralidad regulada en el art. 156.1 de la LGSS no se contempla, ya que la norma reguladora de la incapacidad temporal aplicable resulta ser el art. 3.2 del Real Decreto 1273/2003, de 10 de octubre. Dicha norma postula como accidente de trabajo de la persona trabajadora autónoma a «(...) el ocurrido como consecuencia directa e inmediata del trabajo que realiza por su propia cuenta y que determina su inclusión en el campo de aplicación del régimen especial».

CUESTIÓN

En caso de pluriactividad, ¿la misma lesión puede ser calificada de accidente laboral como trabajador por cuenta ajena y de enfermedad común como autónomo?

Sí, dada la diferencia en la regulación que se realiza en el RGSS y RETA del accidente de trabajo. El RETA exige una mayor demostración de la relación causal entre la lesión y la actividad laboral en comparación con el RGSS.

Como explica la STS n.º 479/2023, de 5 de julio del 2023, ECLI:ES:TS:2023:3098, una lesión que incapacita temporalmente a un trabajador puede ser considerada como accidente de trabajo en el Régimen General de la Seguridad Social (RGSS), pero no en el Régimen Especial de Trabajadores Autónomos (RETA), incluso si ocurre en el lugar y horario de trabajo.

Según el artículo 156.1 de la LGSS, en el RGSS se considera accidente de trabajo cualquier lesión que ocurra «con ocasión o por consecuencia» del trabajo por cuenta ajena. Además, el artículo 156.3 de la LGSS presume que son accidentes de trabajo las lesiones sufridas en tiempo y lugar de trabajo, salvo prueba en contrario.

En contraste, el RETA define como accidente de trabajo del autónomo aquel que sucede como «consecuencia directa e inmediata» de su actividad (art. 316.2 de la LGSS), y requiere una prueba explícita de la conexión entre la lesión y el trabajo realizado por cuenta propia, según el art. 3.2 del Real Decreto 1273/2003, de 10 de octubre.

RESOLUCIONES RELEVANTES

STSJ de Canarias n.º 192/2023, de 8 de marzo de 2023, ECLI:ES:TSJICAN:2023:289

No es accidente laboral el sufrido por un autónomo en una pausa del trabajo. Se analiza la existencia de accidente de trabajo de una fisioterapeuta que en un descanso entre paciente y paciente se corta la mano. El Tribunal determina que no existe una relación de causalidad directa e inmediata entre el trabajo de la fisioterapeuta y el accidente sufrido, ya que las lesiones no ocurrieron durante la realización efectiva de sus funciones profesionales. Por tanto, el proceso de IT no se considera derivado de un accidente de trabajo.

STSJ de Madrid n.º 12/2023, de 13 de enero de 2023, ECLI:ES:TSJM:2023:1074

Declara como accidente laboral in itinere el accidente de tráfico sufrido por un fotógrafo gráfico por cuenta propia cuando, haciendo uso de su vehículo, se dirigía al domicilio de un cliente para realizar un trabajo inherente a su oficio. El tribunal concluyó que los traslados son una actividad indispensable e intrínseca a la labor profesional, por lo que el accidente de tráfico se ha declarado como ocasionado por contingencia profesional, al obedecer de forma directa e inmediata al trabajo.

STSJ de Andalucía n.º 2485/2019, de 17 de octubre de 2019, ECLI:ES:TSJAND:2019:9271

«Para las personas trabajadoras autónomas no se contempla la presunción iuris tantum de laboralidad (ex art. 115.3 de la LGSS de 1994) para los accidentes acaecidos en tiempo y lugar de trabajo, con criterio extensible para las enfermedades, siempre que estas, por su propia naturaleza puedan ser causadas o desencadenadas por el trabajo, sin que pudiera aplicarse en todo caso a las enfermedades que por su propia naturaleza excluyan una etiología laboral. Resultaría aplicable el art. 3.2 del RD 1273/2003, de 10 de octubre, vigente a la fecha de inicio de la incapacidad temporal y del hecho que se postula como accidente de trabajo, como norma reguladora de la cobertura de las contingencias profesionales de los trabajadores incluidos en el RETA y que exige, para la consideración de accidente de trabajo del trabajador autónomo, que este ocurra como consecuencia directa e inmediata del trabajo que realiza por su propia cuenta y que determine su inclusión en el campo de aplicación del régimen especial».

2.
COTIZACIÓN DEL AUTÓNOMO Y SU INCIDENCIA EN LA PRESTACIÓN POR INCAPACIDAD TEMPORAL

Entender la importancia de la base de cotización (lo que se paga de cuota de autónomos) en relación con la prestación de IT es sencillo: al autónomo le corresponde un porcentaje de su cotización al RETA (base reguladora) en función del tipo de contingencia y la duración de la incapacidad temporal. Vemos los factores que inciden en esta situación.

2.1. Obligación de cotización por IT: ¿todos los autónomos deben cotizar por incapacidad temporal obligatoriamente?

La cobertura de la contingencia por incapacidad temporal en este régimen especial tendrá carácter obligatorio, salvo que se tenga cubierta dicha contingencia en razón de la actividad realizada en otro régimen de la Seguridad Social. En este supuesto, podrá acogerse voluntariamente a la cobertura de dicha contingencia, así como, en su caso, renunciar a ella en los términos establecidos reglamentariamente (art. 315 de la LGSS).

Sobre lo previsto en el párrafo anterior hemos de matizar:

a) La D.A. 18.ª de la LGSS regula excepciones a la cobertura obligatoria de la contingencia por IT en el RETA para los **socios/as de cooperativas** incluidos en el Régimen Especial de la Seguridad Social de los Trabajadores por Cuenta Propia o Autónomos que dispongan de un sistema intercooperativo de prestaciones sociales, complementario al sistema público, que cuente con la autorización de la Seguridad

Social para colaborar en la gestión de la prestación económica de incapacidad temporal y otorgue la protección por las citadas contingencias, con un alcance al menos equivalente al regulado para el Régimen Especial de la Seguridad Social de los Trabajadores por Cuenta Propia o Autónomos.

b) En el caso de los **miembros de institutos de vida consagrada de la Iglesia Católica**, incluidos en el Régimen Especial de la Seguridad Social de los Trabajadores por Cuenta Propia o Autónomos al amparo del Real Decreto 3325/1981, de 29 de diciembre, y de la Orden TAS/820/2004, de 12 de marzo.

c) Para los trabajadores incluidos en el **sistema especial de trabajadores agrarios por cuenta propia**, la cobertura de la IT será voluntaria, con determinadas particularidades.

JURISPRUDENCIA

STS n.º 462/2023, de 29 de junio del 2023, ECLI:ES:TS:2023:3002

Realiza un repaso por toda la norma en el RETA hasta la regulación actual sobre la obligación de cotización por contingencias profesionales.

2.2. Cotización al RETA y su regularización anual

Las personas autónomas cotizarán a la Seguridad Social en función de sus rendimientos netos anuales, obtenidos en el ejercicio de todas sus actividades económicas, empresariales o profesionales [arts. 308 de la LGSS, 46 del Real Decreto 2064/1995, de 22 de diciembre, 8.2 de la Ley 47/2015, de 21 de octubre y 53.1 del Real Decreto 2064/1995, de 22 de diciembre] en función de los rendimientos íntegros obtenidos (calculados de acuerdo con lo establecido en el art. 308.1 de la LGSS). La persona trabajadora autónoma cotizará por la base de cotización que corresponda a su tramo de ingresos conforme a las tablas generales y reducidas vigentes para cada año (D.T. 1.ª del Real Decreto-ley 13/2022, de 26 de julio y Real Decreto 665/2024, de 9 de julio).

Los rendimientos netos se calcularán deduciendo de los ingresos todos los gastos producidos en ejercicio de la actividad y necesarios para la obtención de ingresos. Sobre esa cantidad, se aplica adicionalmente una deducción por gastos genéricos (7 % de los rendimientos netos para autónomos persona física y 3 % para los autónomos societarios).

Como indica la regla 6.ª del art. 308.1.a) de la LGSS, **las bases de cotización mensuales elegidas anualmente por el autónomo tendrán carácter provisional, hasta que se proceda a su regularización.**

Con el **actual sistema de cotización al RETA**, por tanto, el autónomo deberá tener presente una serie de supuestos:

COTIZACIÓN AL RÉGIMEN ESPECIAL DE TRABAJADORES AUTÓNOMOS EN FUNCIÓN DE LOS RENDIMIENTOS ANUALES

Con efectos de 01/01/2023: nueva cotización por ingresos reales

1.º → **Cuantificar de forma provisional los ingresos netos previsibles.**

- El autónomo deberla realizar una aproximación de las ganancias previsibles entre el 1 de enero y el 31 de diciembre de acuerdo con los términos previstos en la regla 1.ª del art 308.1.c) de la LGSS.

2.º → **En función de los ingresos provisionales, se escoge un tramo de las tablas de cotización.**

- En función de la previsión de ingresos netos anuales, el autónomo se situará en uno de los tramos establecidos en la tabla (general o reducida) de la D.T. 1.ª del Real Decreto-ley 13/2022, de 26 de julio y orden anual de cotización.

3.º → **Comunicación a la TGSS de los ingresos netos previsibles y cotizar mensualmente.**

- El **portal de la Seguridad «Import@ss»** permite realizar la comunicación de la previsión de ingresos y obtener información sobre cuánto y cuándo se deberán abonar las cuotas.

4.º → **Posibilidad de cambiar la base de cotización si varían los rendimientos.**

- Es posible realizar **cambios de cotización al RETA hasta seis veces al año.**

5.º → **Presentación de la declaración de la renta y cruce de datos.**

- Se realizará una **regularización anual de la cotización** al RETA en función de la declaración de IRPF presentada al año siguiente, conforme a las reglas establecidas al efecto.

6.º → **Devolución o regularización de las cuotas al RETA.**

- Si en función de los rendimientos netos reales, el autónomo ha cotizado de menos: **dos meses para pagar el déficit en la cotización.**
- Si en función de los rendimientos netos reales, el autónomo ha cotizado de más: **en cuatro meses la TGSS devolverá lo sobrecotizado.**

Cotización por incapacidad temporal al RETA: ¿cuánto se paga por IT en la cuota de autónomos?

La cotización por IT se incluye en la cuota mensual que los autónomos deben abonar a la Seguridad Social. Esta cuota cubre tanto las contingencias comunes como las profesionales.

Para el **año 2024**, la D.T. 1.ª del Real Decreto-ley 13/2022, de 26 de julio y la Orden PJC/51/2024, de 29 de enero, fija los siguientes tramos **(art. 16 de la Orden PJC/51/2024, de 29 de enero)**:

..	Tramo	Rendimientos netos 2024 (Euros/mes)	Base mínima (Euros/mes)	Base máxima (Euros/mes)
Tabla reducida.	Tramo 1.	<=670	735,29	816,98
Tabla reducida.	Tramo 2.	> 670 y <=900	816,99	900
Tabla reducida.	Tramo 3.	>900 y < 1.166,70	872,55	1.166,70
Tabla general.	Tramo 1.	>= 1.166,70 y <=1.300	950,98	1.300
Tabla general.	Tramo 2.	> 1.300 y <=1.500	960,78	1.500
Tabla general.	Tramo 3.	> 1.500 y <=1.700	960,78	1.700
Tabla general.	Tramo 4.	> 1.700 y <=1.850	1.045,75	1.850
Tabla general.	Tramo 5.	> 1.850 y <=2.030	1.062,09	2.030
Tabla general.	Tramo 6.	> 2.030 y <=2.330	1.078,43	2.330
Tabla general.	Tramo 7.	> 2.330 y <=2.760	1.111,11	2.760
Tabla general.	Tramo 8.	> 2.760 y < =3.190	1.176,47	3.190
Tabla general.	Tramo 9.	> 3.190 y <=3.620	1.241,83	3.620
Tabla general.	Tramo 10.	> 3.620 y <= 4.050	1.307,19	4.050
Tabla general.	Tramo 11.	> 4.050 y <=6.000	1.454,25	4.720,50
Tabla general.	Tramo 12	> 6.000	1.732,03	4.720,50

‖ Los tipos de cotización al RETA para el año 2024

Las bases y tipos de cotización a la Seguridad Social y por los conceptos que se recauden conjuntamente con las cuotas de la Seguridad Social serán los que establezca cada año la correspondiente Ley de Presupuestos Generales del Estado (art. 16.2 de la Orden PJC/51/2024, de 29 de enero):

Para las contingencias comunes, un 28,30 % de la base de cotización.

Cuando se tenga cubierta la IT en otro régimen de la Seguridad Social y el autónomo no opte por acogerse voluntariamente a la cobertura de esta prestación (art. 315 de la LGSS): reducción en la cuota que corresponde ingresar (de acuerdo con el tipo para contingencias comunes) equivalente a multiplicar el coeficiente reductor del 0,055 por dicha cuota.

Para contingencias profesionales, un 1,30 % de la base de cotización:

- 0,66 % corresponde a la contingencia de incapacidad temporal.
- 0,64 % corresponde a la contingencia de incapacidad permanente, muerte y supervivencia.
- En caso de no tener cubierta esta contingencia: cotización adicional del 0,10 % sobre la base de cotización elegida (para la financiación de las prestaciones por riesgo durante el embarazo o lactancia natural).

Para cese de actividad, un 0,90 % de la base de cotización.

Para formación profesional, un 0,10 % de la base de cotización.

Mecanismo de equidad intergeneracional (MEI), el 0,70 % (sobre la base de cotización por contingencias comunes).

A TENER EN CUENTA. La base de cotización correspondiente a la protección por formación profesional y por cese de actividad de los trabajadores incluidos en el RETA será aquella por la que hayan optado los trabajadores incluidos en el régimen, aplicándose a estos efectos las normas de determinación de la base de cotización previstas en los arts. 16 y 17 de la Orden PJC/51/2024, de 29 de enero.

Otras peculiaridades (art. 35 de la Orden PJC/51/2024, de 29 de enero):

- Base de cotización durante la percepción de las prestaciones por cese de actividad: será la correspondiente a la base reguladora de la misma en los términos establecidos en el art. 339.1 de la LGSS, sin que, en ningún caso, pueda ser inferior al importe de la base mínima o base única vigente en el correspondiente régimen y de acuerdo con las circunstancias específicas concurrentes en el beneficiario
- Situación de incapacidad temporal transcurridos 60 días de los trabajadores autónomos: en la situación de incapacidad temporal con derecho a prestación económica, transcurridos sesenta días en dicha situación desde la baja médica, corresponderá hacer efectivo el pago de las cuotas, por todas las contingencias, a la mutua colaboradora con la Seguridad Social o, en su caso, al Servicio Público de Empleo Estatal (art. 309.2 de la LGSS). De haberse ejercitado la opción a la

que se refiere el apartado primero durante la situación de incapacidad temporal, sus efectos quedarán demorados al día siguiente al que se produzca el alta médica, manteniéndose como base de cotización la del mes inmediatamente anterior a la fecha de la baja médica.

¿Cómo influye la base de cotización en la prestación de IT del autónomo?

La base de cotización (BC) elegida por el autónomo influye directamente en la cuantía de la prestación por IT. Una base de cotización más alta implica una mayor prestación diaria en caso de baja por IT, mientras que una base de cotización más baja resultará en una prestación menor.

A modo de ejemplo, un autónomo con unos rendimientos mensuales de 5.000 y unos gastos de 1.100, tendría un rendimiento neto de 3.627 euros al mes. A ese rendimiento le corresponde una base de cotización de entre 1.307,19 euros de mínima y 4.050 euros de máxima (tramo 10 de la tabla D.T. 1.ª del Real Decreto-ley 13/2022, de 26 de julio y art. 16 de la Orden PJC/51/2024, de 29 de enero).

Ante esos datos la cuota mensual sería de:

- Por la base mínima de cotización permitida (1.307,19 euros): 409,15 euros/mes.
- Por la base máxima de cotización permitida (4.050 euros): 1.267,65 euros/mes.

La cuantía diaria de la prestación (base reguladora) estará constituida por la base de cotización del trabajador correspondiente al mes anterior al de la baja, dividida entre 30. Aplicando la BR de la prestación por IT para el autónomo):

a) Para contingencias comunes:

Día 1.º - 3.º (ambos inclusive): No se cobra.

Día 4.º - 20.º (ambos inclusive): 60 por 100 BR.

- Por la base mínima de cotización permitida (1.307,19 euros) = [1.307,19 euros/30] x 60 % = 43,57 x 60 % = 16,14 euros por día de baja durante este periodo.
- Por la base máxima de cotización permitida (4.050 euros) = [4.050 euros/30] x 60 % = 135 x 60 % = 81 euros por día de baja durante este periodo.

A partir del día 21.º: 75 por 100 BR.

- Por la base mínima de cotización permitida (1.307,19 euros) = [1.307,19 euros/30] x 75 % = 43,67 x 75 % = 32,67 euros por día de baja durante este periodo.
- Por la base máxima de cotización permitida (4.050 euros) = [4.050 euros/30] x 75 % = 135 x 75 % = 101,25 euros por día de baja durante este periodo.

b) Para contingencias profesionales:

Desde el día siguiente al de la baja: 75 por 100 BR.

- Por la base mínima de cotización permitida (1.307,19 euros) = [1.307,19 euros/30] x 75 % = 43,67 x 75 % = 32,67 euros por día de baja durante este periodo.

- Por la base máxima de cotización permitida (4.050 euros) = [4.050 euros/30] x 75 % = 135 x 75 % = 101,25 euros por día de baja durante este periodo.

Mediante este ej. vemos como la BC es fundamental para determinar la cuantía de la prestación por incapacidad temporal (IT) que recibirá un trabajador autónomo. La prestación por IT se calcula como un porcentaje de la base de cotización, por lo que una base de cotización más alta resultará en una prestación mayor y viceversa.

¿Qué sucede con la cotización en los supuestos de reconocimiento de una prestación económica de la Seguridad Social con anterioridad a la regularización anual?

Las bases de cotización utilizadas para calcular prestaciones económicas y las correspondientes a los períodos de percepción de ciertas prestaciones adquieren carácter definitivo y no se someten a la regularización anual prevista en el art. 308.1.c) de la LGSS.

El art. 309 de la LGSS regula esta situación:

- **Exclusión de la regularización**: las cotizaciones correspondientes a los meses cuyas bases de cotización se hayan utilizado para calcular la base reguladora de cualquier prestación económica del sistema de la Seguridad Social, reconocida antes de la fecha de la regularización, quedarán excluidas de dicha regularización. **Esto significa que las bases de cotización de esos meses se considerarán definitivas y no se revisarán**.

- **Bases de cotización posteriores**: las bases de cotización posteriores a las mencionadas anteriormente, hasta el mes en que se produzca el hecho causante, también quedarán excluidas de la regularización. Estas bases también adquirirán carácter definitivo y no se revisarán.

- **Períodos de percepción de prestaciones**: durante los períodos en que los trabajadores autónomos perciban prestaciones por incapacidad temporal, riesgo durante el embarazo, riesgo durante la lactancia natural, nacimiento y cuidado de menor, ejercicio corresponsable del cuidado del lactante, cese de actividad o sostenibilidad de la actividad en su modalidad cíclica o sectorial, la base de cotización mensual aplicada adquirirá carácter definitivo y no será objeto de regularización.

- **Pago de cuotas en incapacidad temporal**: en situaciones de incapacidad temporal con derecho a prestación económica, transcurridos sesenta días desde la baja médica, el pago de las cuotas por todas las contingencias corresponderá a la mutua colaboradora con la Seguridad Social o, en su caso, al Servicio Público de Empleo Estatal.

2.3. Formalización de la cobertura de IT: ¿cómo se formaliza la cobertura de la prestación por incapacidad temporal con una mutua?

Los trabajadores comprendidos en el ámbito de aplicación del Régimen Especial de la Seguridad Social de los Trabajadores por Cuenta Propia o Autónomos deberán formalizar la cobertura de la acción protectora por contingencias profesionales, incapacidad temporal y cese de actividad con una mutua colaboradora con la Seguridad Social, debiendo optar por la misma mutua colaboradora para toda la acción protectora indicada.

Para formalizar la cobertura de la prestación por incapacidad temporal con una mutua, un trabajador autónomo debe seguir los siguientes pasos, basados en la normativa vigente [art. 83.1. b) de la LGSS]:

- **Elección de la mutua**: el autónomo debe elegir una mutua colaboradora con la Seguridad Social. Esta elección puede hacerse en el momento de darse de alta en el Régimen Especial de Trabajadores Autónomos (RETA) o al renovar su cobertura.

- **Solicitud de alta**: al darse de alta en el RETA, el autónomo debe indicar en el formulario de alta (modelo TA.0521) la mutua con la que desea formalizar la cobertura de la incapacidad temporal. Este formulario se presenta en la Tesorería General de la Seguridad Social (TGSS).

- **Formalización del convenio**: una vez elegida la mutua, el autónomo debe formalizar un convenio con la misma. Este convenio especificará las condiciones de la cobertura, incluyendo las contingencias cubiertas (comunes y profesionales) y las bases de cotización.

- **Pago de cotizaciones**: el autónomo debe abonar las cotizaciones correspondientes a la mutua elegida. Estas cotizaciones incluyen la parte destinada a la cobertura de la incapacidad temporal.

- **Documentación adicional**: en algunos casos, la mutua puede requerir documentación adicional para formalizar la cobertura, como el certificado de alta en el RETA y otros documentos que acrediten la actividad del autónomo.

- **Renovación y modificaciones**: el periodo de vigencia de la adhesión será de un año, pudiendo prorrogarse por periodos de igual duración. Además, si el autónomo desea cambiar de mutua, puede hacerlo al finalizar el año natural, notificando el cambio a la TGSS y a la nueva mutua elegida [art. 83.1.b) de la LGSS].

- **Protección de datos**: la información y datos sobre los empresarios asociados, los trabajadores por cuenta propia adheridos y los trabajadores protegidos que obren en poder de las mutuas colaboradoras con la Seguridad Social y, en general, los generados en el desarrollo de su actividad colaboradora en la gestión de la Seguridad Social, tienen carácter reservado y están sometidos al régimen establecido en el art. 77 de la LGSS, sin que, en consecuencia, puedan ser cedidos o comunicados a terceros, salvo en los supuestos establecidos en dicho artículo [art. 83.3 de la LGSS].

2.4. Cotización durante la prestación por IT: ¿hay que seguir pagando la cuota de autónomo en situación de IT?

Durante los primeros 60 días de IT sí.

Los autónomos solo tienen que pagar su cuota los dos primeros meses de baja por incapacidad temporal (art. 309.2 de la LGSS y orden anual de cotización). En la situación de incapacidad temporal con derecho a prestación económica, transcurridos 60 días en dicha situación desde la baja médica, corresponderá hacer efectivo el pago de las cuotas, por todas las contingencias, a la mutua colaboradora con la Seguridad Social, a la entidad gestora o, en su caso, al servicio público de empleo estatal, con cargo a las cuotas por cese de actividad. Es decir:

- Dos primeros meses de IT con derecho a prestación (60 días): se abona la cuota por parte del autónomo. La base de cotización mensual aplicada adquirirá carácter definitivo y no será objeto de la regularización [art. 308.1.c) de la LGSS].

- Transcurridos los dos primeros meses de IT con derecho a prestación (a partir del día 61): las cuotas (por todas las contingencias) las paga la mutua o SEPE (art. 309.2 de la LGSS).

2.5. Renuncia a la protección de la incapacidad temporal en el RETA: ¿puede el autónomo dejar de cotizar por IT?

Con carácter general un trabajador autónomo no puede dejar de cotizar por incapacidad temporal en el RETA, ya que esta cobertura es obligatoria según la normativa vigente. La opción y la renuncia a la protección de la incapacidad temporal en el RETA se efectuarán en los términos establecidos por el art. 47.3 del Real Decreto 84/1996, de 26 de enero. Esta posibilidad ha sido modificada, con efectos del 1 de enero de 2023, tras la nueva redacción aportada al precepto por el Real Decreto 504/2022, de 27 de junio y solo se establece para trabajadores en pluriactividad.

> **A TENER EN CUENTA.** Esta opción no se aplica a los autónomos económicamente dependientes, quienes deben tener obligatoriamente la cobertura por IT en el RETA.

Siguiendo el art. 47.3 del Real Decreto 84/1996, de 26 de enero, el autónomo que tiene cubierta la incapacidad temporal (IT) en otro régimen de la Seguridad Social pueden optar o renunciar voluntariamente por la cobertura en el RETA mientras mantengan la pluriactividad. Para estos supuestos:

Opción	Puede formalizarse al causar alta en el RETA, con efectos desde el alta.
	Si no se opta al alta, se puede solicitar antes del 1 de octubre de cada año, con efectos desde el 1 de enero del año siguiente.
Renuncia	Generalmente, antes del 1 de octubre de cada año, con efectos desde el 1 de enero del año siguiente.
	Dentro de los 30 días siguientes al alta por nueva actividad en caso de pluriactividad posterior, con efectos desde el primer día del mes siguiente.
	Cuando dejen de ser económicamente dependientes, con efectos desde el primer día del mes siguiente a la extinción del contrato, siempre que se comunique dentro de plazo.

3.
DINÁMICA DE LA PRESTACIÓN: ¿CÓMO FUNCIONA LA BAJA LABORAL DEL AUTÓNOMO?

La incapacidad temporal del autónomo cubre enfermedades comunes, accidentes no laborales y laborales, y enfermedades profesionales, con requisitos específicos de cotización y pago a la Seguridad Social.

3.1. ¿Qué se entiende por incapacidad temporal o baja del autónomo?

La incapacidad temporal (IT) para autónomos se refiere a la situación en la que un trabajador por cuenta propia no puede desempeñar su actividad laboral debido a una enfermedad o accidente, ya sea de origen común o profesional. Durante este periodo, el autónomo tiene derecho a recibir una prestación económica que compense la pérdida de ingresos.

La regulación de la incapacidad temporal para autónomos se encuentra en la Ley General de la Seguridad Social, el Estatuto del Trabajador autónomo y en el Real Decreto 1273/2003, de 10 de octubre, que establece las condiciones y términos para la cobertura de las contingencias profesionales y la ampliación de la prestación por incapacidad temporal para los trabajadores por cuenta propia.

3.2. ¿En qué situaciones tiene derecho el autónomo a prestación por incapacidad temporal?

Los autónomos tienen derecho a la prestación por incapacidad temporal (IT) en los siguientes casos:

IT por contingencias comunes: enfermedad común y accidente no laboral

- **Enfermedad común**: se refiere a cualquier enfermedad que no esté relacionada con la actividad laboral del autónomo. Como hemos tratado inicialmente, para tener derecho a esta prestación, el autónomo debe estar al corriente en el pago de sus cotizaciones a la Seguridad Social y haber cotizado un mínimo de 180 días en los últimos cinco años.

- **Accidente no laboral**: se refiere a cualquier accidente que ocurra fuera del ámbito laboral (art. 158 de la LGSS). Al igual que en el caso de la enfermedad común, el autónomo debe cumplir con los requisitos de cotización y estar al corriente en sus pagos a la Seguridad Social.

IT por contingencias profesionales: enfermedad o accidente laboral

- **Enfermedad profesional**: se refiere a enfermedades que son consecuencia directa de la actividad laboral del autónomo. Para tener derecho a esta prestación, el autónomo debe estar cotizando por contingencias profesionales, lo cual es opcional pero recomendable.

De la enfermedad profesional se ocupa el **artículo 157 de la LGSS**, identificándola como aquella que se contrae a consecuencia del trabajo ejecutado por cuenta ajena en las actividades señaladas en las normas de desarrollo de la LGSS, y que esté provocada por la acción de los elementos o sustancias que se indiquen para cada enfermedad profesional. Para el caso concreto de las personas trabajadoras autónomas, el **art. 3.5 del Real Decreto 1273/2003**, de 10 de octubre, entiende por enfermedad profesional la contraída a consecuencia del trabajo ejecutado por cuenta propia, en la actividad en virtud de la cual el trabajador está incluido en el campo de aplicación del régimen especial, que esté provocada por la acción de los elementos y sustancias y en las actividades contenidos en la lista de enfermedades profesionales con las relaciones de las principales actividades capaces de producirlas, anexa al **Real Decreto 1299/2006, de 10 de noviembre**, por el que se aprueba el cuadro de enfermedades profesionales en el sistema de la Seguridad Social y se establecen criterios para su notificación y registro. (Enfermedad profesional. Paso a paso. Colex. 2023).

- Accidente laboral: se refiere a cualquier accidente que ocurra en el ámbito laboral o como consecuencia directa de la actividad profesional del autónomo. Al igual que en el caso de la enfermedad profesional, es necesario que el autónomo esté cotizando por contingencias profesionales.

Del accidente laboral se ocupa el **artículo 156 de la LGSS**, identificándolo como aquel daño o lesión que sufre el trabajador por cuenta ajena mientras cumple con sus obligaciones contractuales, tanto dentro de su lugar de trabajo, como mientras realiza alguna misión que le ha sido encomendada. Para el caso concreto de las personas trabajadoras autónomas, el **art. 316 de la LGSS y el art. 3.2 del Real Decreto 1273/2003, de 10 de octubre**, entiende por accidente de trabajo del trabajador autónomo el ocurrido como consecuencia directa e inmediata del trabajo que realiza por su propia cuenta y que determina su inclusión en el campo de aplicación de este régimen especial. También se entenderá como accidente de trabajo el sufrido al ir o al volver del lugar de la prestación de la actividad económica o profesional. A estos efectos se entenderá como lugar de la prestación el establecimiento en donde el trabajador autónomo ejerza habitualmente su actividad siempre que no coincida con su domicilio y se corresponda con el local, nave u oficina declarado como afecto a la actividad económica a efectos fiscales. Este aspecto ya ha sido desarrollado a modo introductorio.

Nuevas situaciones especiales de IT [menstruación dolorosa, interrupción del embarazo y desde la semana trigésima novena de gestación], ¿son aplicables a los autónomos?

En cuanto a las nuevas situaciones especiales de incapacidad temporal, como la menstruación dolorosa, la interrupción del embarazo y la incapacidad desde la semana trigésima novena de gestación es importante destacar lo siguiente [Ley Orgánica 1/2023, de 28 de febrero y art. 169.1.a) de la LGSS]:

* **Menstruación dolorosa**: actualmente, no existe una normativa específica que contemple la prestación por incapacidad temporal para autónomos en caso de menstruación dolorosa. Sin embargo, si la menstruación dolorosa deriva en una enfermedad común que incapacite al autónomo para trabajar, podría solicitar la prestación por IT por contingencias comunes.

* **Interrupción del embarazo**: la interrupción del embarazo puede dar lugar a una situación de incapacidad temporal por enfermedad común, siempre y cuando incapacite al autónomo para trabajar y cumpla con los requisitos de cotización y estar al corriente en los pagos a la Seguridad Social.

* **Desde la semana trigésima novena de gestación**: la normativa actual no contempla una prestación específica para autónomos desde la semana trigésima novena de gestación. No obstante, si la gestación presenta complicaciones que incapaciten al autónomo para trabajar, podría solicitar la prestación por IT por contingencias comunes.

Como hemos reiterado, es fundamental que los autónomos estén al corriente en sus cotizaciones y, en el caso de contingencias profesionales, que opten por cotizar por estas contingencias para tener derecho a las prestaciones correspondientes.

3.3. Solicitud y devengo de la prestación IT

¿Quién paga la baja del autónomo?

La Seguridad Social o la Mutua abona directamente al trabajador las cantidades correspondientes. Este proceso se denomina «pago directo» (arts. 169 y 170 de la LGSS).

La prestación por incapacidad temporal (IT) de los autónomos es gestionada y abonada por las mutuas colaboradoras con la Seguridad Social o, en su defecto, por el **Instituto Nacional de la Seguridad Social (INSS)**.

- **Mutuas colaboradoras**: son las encargadas de gestionar y abonar la prestación por IT cuando el autónomo ha optado por una mutua para cubrir las contingencias comunes y profesionales. Las mutuas son entidades privadas que colaboran con la Seguridad Social en la gestión de estas prestaciones.

- **INSS**: en caso de que el autónomo no haya elegido una mutua, el INSS se encarga de gestionar y abonar la prestación por IT.

¿Cuándo cobra el autónomo la prestación?

El plazo de solicitud de la presentación es de 15 días hábiles desde la fecha de la baja. Tras su solicitud a mes vencido.

¿Cómo se solicita una baja laboral siendo autónomo?

El autónomo debe acudir a su médico de cabecera o a la mutua colaboradora con la Seguridad Social para obtener el parte de baja.

Como autónomo, tienes la obligación de gestionar y/o tramitar tus partes de baja, confirmación y alta por *Sistema RED-online*. Bien sea con la contraseña que te dieron en Seguridad Social o a través de tu asesoría (así lo determina la Orden ESS/214/2018, de 1 de marzo). Para cumplir con esta obligación es posible optar por gestionar estos trámites a través de un autorizado Red o directamente en la Sede Electrónica de la Seguridad Social (SEDESS).

El proceso para la solicitud de la prestación difiere del existente para los trabajadores por cuenta ajena ya que será el autónomo el que deba gestionarlo directamente. Con carácter general, se realizará mediante la web de la mutua o de manera presencial en cualquiera de sus sedes.

Por lo general las mutuas cuentan con formularios propios mediante los que el autónomo solicita la prestación. Con carácter general deberá asociarse la siguiente documentación:

- Solicitud de pago directo por incapacidad temporal.

- DNI/NIE.
- Justificantes de cotizaciones de los últimos tres meses.
- Parte inicial de baja.
- Documento que acredite la titularidad de la cuenta bancaria.
- Declaración de situación de actividad.
- Modelo 145 de retenciones sobre rendimientos del trabajo (art. 82 del RIRPF).
- En caso de tener deudas con la Seguridad Social, será necesario entregar el certificado de situación de abono de cuotas y la solicitud o copia de la Resolución de la TGSS de la concesión de aplazamiento de las mismas (este trámite se realiza con la Tesorería General de la Seguridad Social).
- En caso de accidente laboral, es imprescindible declararlo en la aplicación delt@.

¿Procede el abono de la prestación por incapacidad temporal pese a que el autónomo no se encuentre al corriente en el pago de las cuotas?

Aunque el abono de la prestación por incapacidad temporal requiere estar al corriente en el pago de las cuotas, existe la posibilidad de regularizar la situación mediante la invitación al pago, siempre y cuando se cumpla con los plazos establecidos.

Complementando lo tratado a modo introductorio, para que un trabajador autónomo tenga derecho a la prestación por incapacidad temporal, es indispensable que se encuentre al corriente en el pago de las cuotas a la Seguridad Social en el momento de producirse el hecho causante de la prestación. Sin embargo, existe un mecanismo conocido como «invitación al pago» que permite regularizar la situación.

Si el autónomo no está al corriente en el pago de las cuotas en el momento de la baja, la entidad gestora (Seguridad Social o Mutua) debe invitar al interesado a ponerse al día en un plazo improrrogable de 30 días naturales. Si el autónomo cumple con esta invitación y paga las cuotas adeudadas dentro del plazo, se le considerará al corriente a efectos de la prestación solicitada.

Si el autónomo no regulariza su situación dentro del plazo establecido, no tendrá derecho a la prestación por incapacidad temporal. En algunos casos, si el pago se realiza fuera del plazo, se pueden aplicar reducciones en la prestación o incluso denegarla completamente. No obstante, hay casos en los que la falta de invitación al pago por parte de la entidad gestora ha llevado a la concesión de la prestación si el autónomo regularizó su situación posteriormente.

RESOLUCIÓN RELEVANTE

STSJ de Andalucía, rec. 2160/2022, de 19 de octubre del 2023, ECLI:ES:TSJAND:2023:12147

«Por todo ello la Sala estima que el art. 43 de la LGSS . (RCL 1994, 1825) en cuanto dispone que "el derecho al reconocimiento de las prestaciones prescribirá a los cinco años, contados desde el día siguiente a aquel en que tenga lugar el hecho causante de la prestación de que se trate...y de que los efectos de tal reconocimiento se produzca a partir de los tres meses anteriores a la fecha en que se presente la correspondiente solicitud", habrá de estimarse aplicable con toda su extensión a los trabajadores por cuenta propia cuando se trate de prestaciones de incapacidad temporal derivada de enfermedad común, tomando como fecha de la solicitud aquella en la que presentaron el parte de baja, modificando en tal sentido la doctrina que hasta el momento presente se había mantenido en esta misma materia".

Y en este caso, no se ha conseguido acreditar que los partes de baja y confirmación de los respectivos procesos de incapacidad temporal se hayan remitido en fecha alguna a la mutua codemandada, ni siquiera como consecuencia del contenido del informe elaborado por la mutua en el que se solicita que se tramite respecto del actor por el INSS un expediente para la concesión al mismo de una incapacidad permanente, tal y como hemos explicado resolver la censura fáctica planteada en el recurso contra la sentencia de instancia, por lo que la jurisprudencia que acabamos de exponer es de plena aplicación a este supuesto, lo que implica la necesidad de desestimar también el recurso de la parte actora y, con ello, de confirmar íntegramente la sentencia recurrida».

¿Es necesario seguir pagando las cuotas de autónomo durante la baja?

Durante la incapacidad temporal, el autónomo sigue cotizando a la Seguridad Social. Sin embargo, transcurridos 60 días desde la baja médica, el pago de las cuotas corresponde a la mutua colaboradora o al Servicio Público de Empleo Estatal, según el caso.

De esta forma:

- **Durante los primeros 60 días de baja (dos meses)**: el autónomo seguirá pagando su cuota, aunque perciba la prestación correspondiente.

- **A partir del día 61 de baja del autónomo y hasta un máximo de 545 días (un año y medio)**: las mutuas se hacen cargo de abonar a la Seguridad Social la cuota de autónomo por todas sus contingencias y la prestación correspondiente.

- **Tras los 545 días de baja (365 + 180 días más si existe una posibilidad real de recuperación)**: si el trabajador por cuenta propia no puede reincorporarse a su actividad profesional deberá solicitar una pensión por incapacidad permanente.

- **Períodos de observación por enfermedad profesional**: la prestación tendrá una duración de seis meses, que serán prorrogables otros seis meses «cuando se estime necesario para el estudio y diagnóstico de la enfermedad» [art. 169.1.b) de la LGSS].

> **A TENER EN CUENTA.** La D.A. 32.ª de la LGSS y la LPGE contemplan anualmente una transferencia del Estado al presupuesto de la Seguridad Social para la financiación, entre otros, de «(...) los beneficios y exenciones en cotización a la Seguridad Social de determinados regímenes y colectivos».

3.4. ¿Cuánto cobra un autónomo de baja por incapacidad temporal?

La prestación se calcula en función de la base de cotización del autónomo y varía según el tipo de contingencia (común o profesional). La base reguladora de la IT del autónomo estará constituida por la base de cotización del trabajador correspondiente al mes anterior al de la baja médica, dividida en 30.

- **Enfermedad común o accidente no laboral**: 60 % de la base de cotización del mes anterior a la baja desde el 4.° día hasta el 20 inclusive, y 75 % a partir del 21.° día.

- **Enfermedad laboral o accidente en el trabajo**: 75 % de la base de cotización desde el día siguiente a la baja.

A modo de referencia, para ejemplificar las diferencias entre la prestación por incapacidad temporal (IT) derivada de contingencia común y profesional, proponemos el siguiente ej. tomando como referencia una base de cotización mensual de 1.936,74 euros (a la que corresponde una cuota mensual de 606,20 euros /mes) correspondiente a unos ingresos netos de entre 2.330,01 y 2.760 euros al mes y el período de incapacidad temporal del 01/03/2024 al 27/06/2024 (119 días).

IT por contingencia común

Del 1.° al 3.° día: 0,00 euros.

Del 4.° al 20.° día: 60 % de la base reguladora (1.936,74 euros).

- [1.936,74 € x 60 %] / 30 = 1.162,04 euros / 30 = 38,73 euros/día.
- 17 días de baja: 38,73 euros/día x 17 días = 658,50 euros de prestación por contingencia común.

A partir del día 21.°: 75 % de la base reguladora (1.936,74 euros).

- [1.936,74 € x 75 %] / 30 = 1452,55 euros / 30 = 48,42 euros/día.
- 99 días de baja: 48,42 euros/día x 99 días = 4.793,58 euros de prestación por contingencia común.

Total baja en caso de contingencia común: 119 días, 5.451,78 euros.

Durante los dos primeros meses el trabajador **debería abonar su cuota al RETA de 606,20 euros/mes**. A partir del segundo mes de baja la cubriría la mutua.

IT por contingencia profesional

El 1.º día: 0,00 €.

A partir del día 2.º: 75 de la base reguladora (1.936,74 euros).

- [1.936,74 € x 75 %] / 30 = 1452,55 euros / 30 = 48,42 euros/día.
- 118 días de baja: 48,42 euros/día x 118 días = 5.713,40 euros de prestación por contingencia profesional.

Total baja en caso de contingencia profesional: 119 días, 5.713,40 euros.

Durante los dos primeros meses el trabajador **debería abonar su cuota al RETA de 606,20 euros/mes**. A partir del segundo mes de baja la cubriría la mutua.

La diferencia principal radica en que la prestación por contingencia profesional es más alta debido a que se paga el 75 % de la base reguladora desde el segundo día de baja, mientras que en la contingencia común se paga el 60 % del 4.º al 20.º día y el 75 % a partir del 21.º día.

3.5. ¿Cuánto tiempo puede estar de baja un autónomo?

La incapacidad temporal puede durar hasta 365 días (12 meses), prorrogables por otros 180 días (6 meses más) si se prevé la recuperación del trabajador. Es decir, el periodo máximo para recibir esta prestación es de un año u medio.

3.5.1. Partes de baja y confirmación de la baja médica

¿Quién debe emitir el parte médico de baja de un autónomo?

En caso de accidente de trabajo o enfermedad profesional (contingencia profesional), el autónomo/a deberá acudir a los servicios médicos de su mutua y serán éstos quienes emitan los correspondientes partes de baja, de confirmación de la baja y de alta médica.

En caso de enfermedad común o accidente no laboral (contingencia común), acudirá al servicio público de salud y será el médico de atención primaria quien emita los correspondientes partes de baja, de confirmación de la baja y de alta médica.

Expedición de los partes médicos de baja y de confirmación de la incapacidad temporal

Los partes de baja y de confirmación de la baja se extenderán en función del periodo de duración que estime el médico que los emite. A estos efectos se establecen cuatro grupos de procesos (art. 2.3 del Real Decreto 625/2014, de 18 de julio y art. 2.1 de la Orden ESS/1187/2015, de 15 de junio):

DURACIÓN ESTIMADA DE LA IT (DÍAS NATURALES)	FECHA CONSIGNACIÓN PARTE DE BAJA	FECHA CONSIGNACIÓN PRIMERA PARTE DE CONFIRMACIÓN	SEGUNDO PARTE DE CONFIRMACIÓN
MENOR 5 DÍAS	• Mismo día del acto médico (alta en el mismo día de la baja o en cualquiera de los 3 días siguientes). • Posibilidad de revisión a solicitud del trabajador, el día fijado como de alta médica.		
ENTRE 5 Y 30 DÍAS	Día del acto médico, consignando fecha de revisión médica prevista.	No más tarde de 7 días desde la baja médica inicial.	Tras el primer parte de confirmación, los sucesivos, cuando sean necesarios, no podrán emitirse con una diferencia de más de 14 días naturales entre sí.
ENTRE 31 Y 60 DÍAS	Día del acto médico, consignando fecha de revisión médica prevista.	No más tarde de 7 días desde la baja médica inicial.	Tras el primer parte de confirmación, los sucesivos, cuando sean necesarios, no podrán emitirse con una diferencia de más de 28 días naturales entre sí.
61 O MÁS DÍAS	Día del acto médico, consignando fecha de revisión médica prevista.	No más tarde de 14 días desde la baja médica inicial.	Tras el primer parte de confirmación, los sucesivos, cuando sean necesarios, no podrán emitirse con una diferencia de más de 35 días naturales entre sí.

Corresponde al facultativo que emite el parte médico de baja y de confirmación determinar, en el momento de su expedición, la duración estimada del proceso.

El facultativo podrá alterar esa duración estimada en un momento posterior como consecuencia de la modificación o actualización del diagnóstico o de la evolución sanitaria del trabajador. A tal efecto emitirá un parte de confirmación que recogerá la nueva duración estimada y, en su caso, el encuadramiento del proceso en un tipo diferente de los previstos (art. 2.4 del Real Decreto 625/2014, de 18 de julio y art. 2.2 de la Orden ESS/1187/2015, de 15 de junio).

A efectos de asignar la duración estimada a cada proceso, el facultativo dispondrá de unas **tablas de duración óptima** de los distintos procesos patológicos susceptibles de generar incapacidades, así como tablas sobre el grado de incidencia de los mismos en las distintas actividades laborales. Dichas tablas serán suministradas y revisadas periódicamente por el Instituto Nacional de la Seguridad Social.

|| Emisión del parte médico de baja

El acto que origina la iniciación de las actuaciones conducentes al reconocimiento del derecho al subsidio por incapacidad temporal es la emisión del parte médico de baja.

El parte médico de baja de incapacidad temporal, cualquiera que sea la contingencia determinante, se expedirá inmediatamente después del reconocimiento médico del trabajador, por el facultativo del servicio público de salud, o de la empresa colaboradora o de la mutua que lo realice.

Como características propias de la expedición de los partes médicos de baja se contemplan:

- El modelo oficial figura como anexo I de la Orden ESS/1187/2015, de 15 de junio.
- En el caso de que la causa de la baja médica sea un accidente de trabajo o una enfermedad profesional, en virtud del art. 102.1.a) de la LGSS, los correspondientes partes de baja, de confirmación de la baja o de alta serán expedidos por los servicios médicos de la mutua o por los servicios médicos de la empresa colaboradora.
- En los **procesos de duración estimada muy corta** se emitirá el parte de baja y de alta en el mismo acto médico. Este acto es revisable según el procedimiento indicado en el art. 2.2 (párrafo segundo) de la Orden ESS/1187/2015, de 15 de junio.
- **Proceso de duración estimada corta, media o larga**, consignará en el parte de baja la fecha de la siguiente revisión médica prevista que, en ningún caso, excederá en más de siete días naturales a la fecha de la baja médica, tratándose de procesos de duración estimada corta o media, o de catorce días naturales tratándose de procesos de duración estimada larga. En la fecha de la primera revisión médica se extenderá el parte de alta o, en caso de que proceda mantener la baja, el primer parte de confirmación.

|| **Emisión del parte médico de confirmación de la baja**

Los partes de baja y de confirmación de la baja se extenderán en función del periodo de duración que estime el médico que los emite. El modelo oficial figura como anexo II de la Orden ESS/1187/2015, de 15 de junio.

Como se ha adelantado, a estos efectos se establecen cuatro grupos de procesos:

Los partes de baja y de confirmación de la baja se extenderán en función del periodo de duración que estime el médico que los emite. El modelo oficial figura como anexo II de la Orden ESS/1187/2015, de 15 de junio.

Como se ha adelantado, a estos efectos se establecen cuatro grupos de procesos:

- **Proceso de duración estimada muy corta** (procesos de duración estimada inferior a cinco días naturales).

- **Proceso de duración estimada corta** (procesos de duración estimada de entre cinco y treinta días naturales).

- **Proceso de duración estimada media** (procesos de duración estimada de entre treinta y uno y sesenta días naturales).

- **Proceso de duración estimada larga** (procesos de duración estimada de sesenta y uno o más días naturales).

En los **procesos de duración estimada muy corta**, el facultativo del servicio público de salud, o de la empresa colaboradora o de la mutua, emitirá el parte de baja y el parte de alta en el mismo acto médico. El facultativo, en función de cuando prevea que la persona trabajadora va a recuperar su capacidad laboral, consignará en el parte la fecha del alta, que podrá ser la misma que la de la baja o cualquiera de los tres días naturales siguientes a esta. No obstante, la persona trabajadora podrá solicitar que se le realice un reconocimiento médico el día que se haya fijado como fecha de alta, y el facultativo podrá emitir el parte de confirmación de la baja si considerase que la persona trabajadora no ha recuperado su capacidad laboral.

Cuando el facultativo del servicio público de salud, de la mutua o de la empresa colaboradora considere que se trata de un **proceso de duración estimada corta, media o larga**, consignará en el parte de baja la fecha de la siguiente revisión médica prevista que, en ningún caso, excederá en más de siete días naturales a la fecha de la baja médica, tratándose de procesos de duración estimada corta o media, o de catorce días naturales tratándose de procesos de duración estimada larga.

En la fecha de la primera revisión médica se extenderá el parte de alta o, en caso de que proceda mantener la baja, el primer parte de confirmación, de acuerdo con lo indicado en el artículo siguiente.

En cualquiera de los procesos citados podrá fijarse la correspondiente revisión médica en un período inferior.

3.5.2. Baja por incapacidad temporal y relación con las mutuas: ¿cómo gestionan las mutuas las prestaciones de incapacidad temporal de los autónomos?

Las mutuas colaboradoras con la Seguridad Social gestionan las prestaciones de IT de los autónomos mediante el control y seguimiento desde el primer día de baja, la realización de reconocimientos médicos y pruebas, y la gestión de la prestación económica, incluyendo la declaración del derecho al subsidio y su posible denegación o suspensión. A modo de resumen:

Expedición de partes médicos

En caso de contingencias profesionales, el médico de la mutua podrá emitir partes de baja, confirmación y alta.

En caso de contingencias profesionales, el médico de la mutua podrá emitir propuestas de alta. Los Servicios Públicos de Salud (SPS) de las comunidades autónomas son los únicos encargados de expedir los partes médicos de baja, confirmación y alta por IT por contingencias comunes.

Control y seguimiento

Las mutuas pueden actuar desde el primer día de baja en el seguimiento y control de la IT, realizando controles y proponiendo altas cuando consideren que el autónomo está capacitado para trabajar.

Las mutuas envían sus propuestas de alta a la Inspección Médica de los SPS, que deben remitirlas al médico que haya firmado la baja. Los SPS deben comunicar su estimación durante los cinco días siguientes.

Reconocimientos médicos y pruebas

Durante el proceso, las mutuas pueden realizar reconocimientos médicos, pruebas diagnósticas, informes o tratamientos sanitarios y rehabilitadores, incluyendo intervenciones quirúrgicas, a propuesta de los propios SPS y tras la autorización del Ministerio de Inclusión, Seguridad Social y Migraciones

Gestión de la prestación económica

Las mutuas tienen la función de declaración del derecho al subsidio, así como su denegación, suspensión, anulación y declaración de extinción en los procesos de IT.

En caso de incomparecencia del trabajador a una revisión médica, la mutua puede emitir el alta médica por incomparecencia.

3.5.3. Partes de alta

La emisión del parte de alta por parte del facultativo conlleva la extinción del proceso de la incapacidad temporal y la obligación del trabajador a reincorporarse a su puesto de trabajo con efectos del día siguiente al de su emisión.

3.5.3.1. Declaraciones médicas de alta en los procesos de incapacidad temporal derivados de contingencias comunes

Los partes de alta médica en los procesos derivados de contingencias comunes se emitirán, tras el reconocimiento del trabajador, por el correspondiente facultativo del servicio público de salud. En todo caso, deberán contener la causa del alta médica, el código de diagnóstico definitivo y la fecha de la baja inicial.

Asimismo, los partes de alta médica podrán también ser extendidos por los inspectores médicos del servicio público de salud, del Instituto Nacional de la Seguridad Social o, en su caso, del Instituto Social de la Marina, tras el reconocimiento médico del trabajador afectado.

El alta médica extinguirá el proceso de incapacidad temporal del trabajador con efectos laborales del día siguiente al de su emisión, sin perjuicio de que el referido servicio público, en su caso, siga prestando al trabajador la asistencia sanitaria que considere conveniente. El alta médica determinará la obligación de que el trabajador se reincorpore a su puesto de trabajo el mismo día en que se produzcan sus efectos.

Los partes médicos de alta por contingencias comunes se comunicarán a las mutuas, en el caso de trabajadores protegidos por ellas, en la forma y plazo establecidos en el art. 2.5 del Real Decreto 625/2014, de 18 de julio, debiendo las mismas comunicar a la empresa la extinción del derecho, su causa y su fecha de efectos. El médico del servicio público de salud o el servicio médico de la empresa colaboradora o de la mutua, cuando expidan el último parte médico de confirmación antes del agotamiento del plazo de duración de trescientos sesenta y cinco días naturales, comunicarán al interesado en el acto de reconocimiento médico que, una vez agotado el plazo referido, el control del proceso pasa a la competencia del Instituto Nacional de la Seguridad Social o, en su caso, del Instituto Social de la Marina.

Una vez que se cumpla el plazo indicado en el párrafo anterior, el servicio público de salud o el servicio médico de la empresa colaboradora o de la mutua dejarán de emitir partes de confirmación.

El servicio público de salud comunicará al Instituto Nacional de la Seguridad Social el agotamiento de los trescientos sesenta y cinco días naturales en situación de incapacidad temporal, de manera inmediata, y, en todo caso, en el primer día hábil siguiente.

3.5.3.2. Propuestas de alta médica formuladas por las mutuas en los procesos derivados de contingencias comunes

La mutua se encargará de controlar y seguir la situación de incapacidad temporal que afecte a la persona trabajadora. A partir del momento en que se expida el parte médico de baja, la mutua contactará con los trabajadores en situación de baja laboral y les efectuará los reconocimientos médicos. Además, se realizarán pruebas diagnósticas, tratamientos terapéuticos y rehabilitadores para evitar la prolongación innecesaria de los procesos de incapacidad temporal con previa autorización y consentimiento informado del paciente.

El art. 6 del Real Decreto 625/2014, de 18 de julio, regula el procedimiento para las propuestas de alta médica formuladas por las mutuas en los procesos derivados de contingencias comunes.

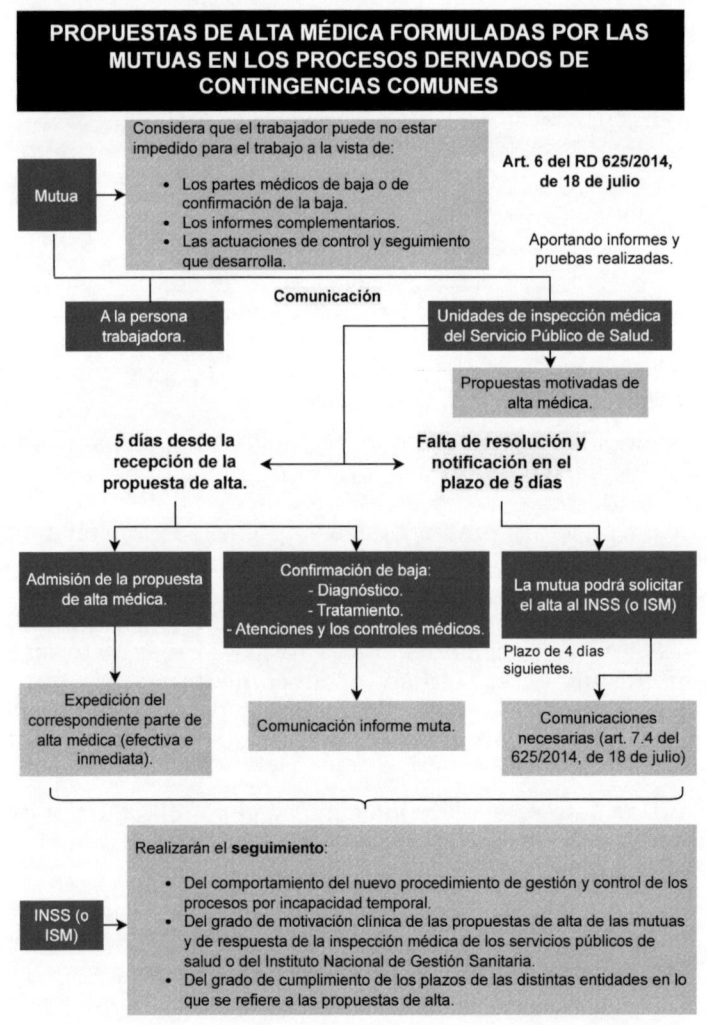

3.5.4. Duración y extinción de la prestación de IT: ¿cuándo se deja de cobrar la prestación por IT?

La prestación económica por incapacidad temporal de los trabajadores por cuenta propia, cualquiera que sea la contingencia de la que derive, se regirá por lo previsto en este capítulo y, en lo no regulado en él, por lo establecido en el Régimen General, sin perjuicio de las especialidades previstas con respecto a las situaciones derivadas de accidente de trabajo o enfermedad profesional.

El reconocimiento del derecho y el pago de las prestaciones derivadas de contingencias profesionales se llevarán a cabo, en iguales términos y en las mismas situaciones que en el Régimen General de la Seguridad Social, por el Instituto Nacional de la Seguridad Social o por la mutua de accidentes de trabajo y enfermedades profesionales de la Seguridad Social, en función, respectivamente, de la entidad gestora o colaboradora con la que se haya formalizado la cobertura de la incapacidad temporal.

Mediante la emisión del parte médico de baja expedido por el médico del servicio público de salud, la empresa colaboradora o la mutua, se inician las actuaciones para el reconocimiento del derecho al subsidio por incapacidad temporal.

Los partes de baja y de confirmación de la baja se extenderán en función del periodo de duración que estime el médico que los emite.

El parte de alta determina el fin de la prestación.

La regulación sobre la duración de la incapacidad temporal (IT) se aplica de la misma manera tanto a los trabajadores por cuenta ajena como a los autónomos. Según la normativa vigente, con carácter general, el subsidio tendrá una duración máxima de trescientos sesenta y cinco días (12 meses), prorrogables por otros ciento ochenta días (6 meses) cuando se presuma que durante ellos puede el trabajador ser dado de alta médica por curación [art. 169.1.a) de la LGSS].

Siguiendo la dinámica de la prestación para los trabajadores por cuenta ajena, podemos diferenciar tres momentos (Incapacidad temporal. Paso a paso. Colex. 2023):

3.5.4.1. Subsidio por incapacidad temporal hasta los 365 primeros días

Mediante la emisión del parte médico de baja expedido por el médico del servicio público de salud, la empresa colaboradora o la mutua, se inician las actuaciones para el reconocimiento del derecho al subsidio por incapacidad temporal.

Los partes de baja y de confirmación de la baja se extenderán en función del periodo de duración que estime el médico que los emite.

El parte de alta determina el fin de la prestación.

3.5.4.2. Subsidio por incapacidad temporal tras los 365 primeros días

La LGSS, en su artículo 170 —«Competencias sobre los procesos de incapacidad temporal»—, regula ciertos aspectos una vez se alcanza el plazo de 365 días (un año) de IT, contemplando dos situaciones básicas: prórroga de 180 días o alta.

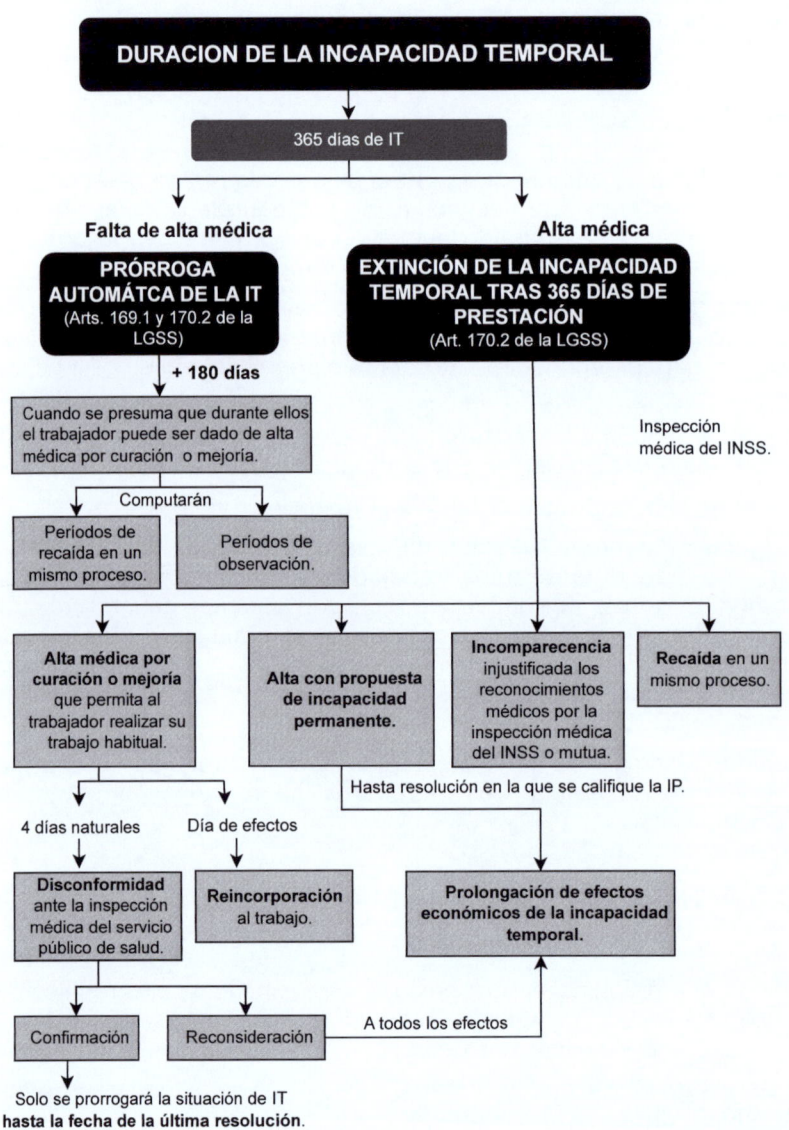

Alta tras 365 días de IT

Agotado el indicado plazo, la inspección médica del INSS [D.A.1.ª.4) de la LGSS] será la que pase a la persona trabajadora en IT a alguna de las siguientes situaciones:

- Alta médica por curación.
- Alta médica por mejoría que permita la reincorporación al trabajo.
- Alta médica con propuesta de incapacidad permanente.
- Alta médica por incomparecencia injustificada a los reconocimientos médicos convocados por la entidad gestora.
- En caso de recaída: nueva baja médica en la situación de incapacidad temporal producida, por la misma o similar patología, en los ciento ochenta días naturales posteriores a la citada alta médica.

En este supuesto, la persona trabajadora podrá **volver al trabajo o reclamar ante la inspección médica del servicio público de salud**.

Frente al alta médica una vez agotado el plazo de duración de los 365 días por los supuestos descritos (art. 170.3 de la LGSS), el interesado podrá manifestar, en el **plazo máximo de cuatro días** naturales, su disconformidad ante la inspección médica del servicio público de salud. Si esta discrepara del criterio de la inspección médica del INSS, tendrá la facultad de proponerle, en el **plazo máximo de siete días naturales**, la reconsideración de su decisión, especificando las razones y fundamento de su discrepancia.

Si la inspección médica del servicio público de salud se pronunciara confirmando la decisión de la Inspección médica del INSS o si no se produjera pronunciamiento alguno en los **once días naturales siguientes a la fecha de la resolución (18 días en total)**, la mencionada alta médica adquirirá plenos efectos. Durante el período de tiempo transcurrido entre la fecha del alta médica y aquella en la que la misma adquiera plenos efectos se considerará **prorrogada la situación de incapacidad temporal**.

> **A TENER EN CUENTA.** El procedimiento de disconformidad viene recogido en el art. 170.2 de la LGSS. No obstante, se desarrolla en el art. 3 del Real Decreto 1430/2009, de 11 de septiembre.

Si, en el aludido plazo máximo de siete días naturales, la inspección médica del servicio público de salud hubiera manifestado su discrepancia con el alta emitida por la inspección médica del Instituto Nacional de la Seguridad Social, esta última se pronunciará expresamente en los siete días naturales siguientes, notificando al interesado la reconsideración del alta médica o su confirmación, que será también comunicada a la inspección médica del servicio público de salud. Si reconsiderara el alta médica, se reconocerá al interesado la prórroga de su situación de incapacidad temporal a todos los efectos. Si, por el contrario, se reafirmara en su decisión, para lo cual aportará las pruebas complementarias que la fundamenten, solo se prorrogará la situación de incapacidad temporal hasta la fecha de la última resolución.

Prórroga de la IT por 180 días más

La falta de alta médica, una vez agotado el plazo de 365 día de IT, supondrá que el trabajador se encuentra en la **situación de prórroga de incapacidad temporal** [art. 169.1.a) de la LGSS] por presumirse que, dentro del período subsiguiente de **ciento ochenta días**, aquel puede ser dado de alta médica por curación o mejoría.

Durante la prórroga de la situación de incapacidad temporal se mantendrá la colaboración obligatoria en el pago de la prestación, así como la colaboración voluntaria, en su caso.

En caso de prórroga de incapacidad temporal por 180 días más:

- La persona trabajadora: permanecerá en situación de IT durante 180 días más.

- La empresa: mantendrá el pago a su cargo de la prestación (art. 170.2 de la LGSS):

> «La colaboración obligatoria en el pago de la prestación se mantendrá hasta que se notifique al interesado el alta médica por curación, por mejoría o por incomparecencia injustificada a los reconocimientos médicos, o hasta el último día del mes en que el Instituto Nacional de la Seguridad Social haya expedido el alta médica con propuesta de incapacidad permanente, o hasta que se cumpla el periodo máximo de quinientos cuarenta y cinco días, finalizando en todo caso en esta fecha.
>
> Las empresas colaboradoras en la gestión de la Seguridad Social a las que hace referencia el artículo 102.1.a) mantendrán el pago a su cargo de la prestación hasta la fecha en que se notifique al interesado el alta médica o la resolución por la que se extinga el derecho al subsidio, incluida, en su caso, la situación de prolongación de efectos económicos de la incapacidad temporal a que se refiere el artículo 174.5».

CUESTIÓN

Cumplidos los 365 días de prestación por IT, ¿qué tipos de prórroga son posibles?

La norma prevé tres posibles tipos de prórroga de la IT sobre los 365 días iniciales:

- Una prórroga automática por 180 días más en caso de no emitirse alta al cumplimiento de los 365 días.

- Un periodo desde el alta médica emitida por el INSS hasta la confirmación de la misma tras manifestación de disconformidad por parte de la persona trabajadora.

- Hasta la resolución de la propuesta de IP en caso de alta cumplidos los 365 días de prestación, con propuesta de incapacidad permanente.

3.5.4.3. Subsidio por incapacidad temporal tras 545 días

Al igual que en el punto anterior, cumplidos los 545 días de baja (365 días + 180 días más de prórroga), computando los períodos de recaída en un mismo proceso, la norma (art. 174 de la LGSS) fija dentro de la regulación de la «Extinción del derecho al subsidio» una serie de supuestos que también trataremos en el apartado de extinción del subsidio por incapacidad temporal por ser, al fin y al cabo, formas de extinción de la prestación por IT.

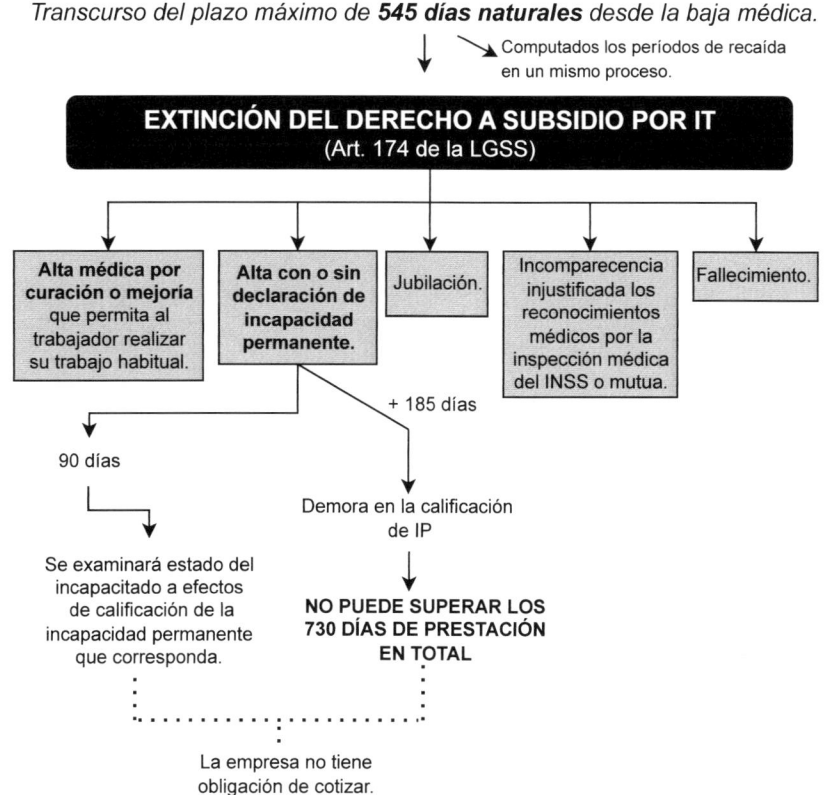

*Transcurso del plazo máximo de **545 días naturales** desde la baja médica.*

Computados los períodos de recaída en un mismo proceso.

EXTINCIÓN DEL DERECHO A SUBSIDIO POR IT
(Art. 174 de la LGSS)

| **Alta médica por curación o mejoría** que permita al trabajador realizar su trabajo habitual. | **Alta con o sin declaración de incapacidad permanente.** | Jubilación. | Incomparecencia injustificada los reconocimientos médicos por la inspección médica del INSS o mutua. | Fallecimiento. |

+ 185 días

90 días

Demora en la calificación de IP

Se examinará estado del incapacitado a efectos de calificación de la incapacidad permanente que corresponda.

NO PUEDE SUPERAR LOS 730 DÍAS DE PRESTACIÓN EN TOTAL

La empresa no tiene obligación de cotizar.

Alta de la persona trabajadora por curación, por mejoría o por incomparecencia injustificada a los reconocimientos médicos emitida por la inspección médica del INSS

Ante el agotamiento del periodo de 545 días naturales (18 meses) desde la baja médica, el trabajador ha de reincorporarse a su puesto de trabajo en caso de alta.

El interesado podrá reclamar, en el plazo máximo de cuatro días naturales, su disconformidad ante la inspección médica del servicio público de salud. Si esta discrepara del criterio de la inspección médica del Instituto Nacional de la Seguridad Social, tendrá la facultad de proponerle, en el plazo máximo de siete días naturales, la reconsideración de su decisión, especificando las razones y fundamento de su discrepancia.

- **Por parte de la persona trabajadora:**

  - Impugnación del alta.

  - **Confirmación del alta médica por parte de la inspección médica del SPS**: si la inspección médica del servicio público de salud se pronunciara confirmando la decisión de la Inspección médica del INSS o si no se produjera pronunciamiento alguno en los once días naturales siguientes a la fecha de la resolución, la mencionada alta médica adquirirá plenos efectos

  - **Prórroga de la IT durante el periodo entre el alta médica y la resolución definitiva del proceso**: durante el período de tiempo transcurrido entre la fecha del alta médica y aquella en la que la misma adquiera plenos efectos se considerará prorrogada la situación de incapacidad temporal.

  - **Reconsideración (o posterior confirmación) del alta médica por parte de la inspección médica del SPS**: si, en el aludido plazo máximo de siete días naturales, la inspección médica del SPS hubiera manifestado su discrepancia con el alta emitida por la inspección médica del INSS, esta última se pronunciará expresamente en los siete días naturales siguientes:

    – Si reconsiderara el alta médica, se reconocerá al interesado la prórroga de su situación de incapacidad temporal a todos los efectos.

    – Si se reafirmara el alta médica, para lo cual aportará las pruebas complementarias que la fundamenten, solo se prorrogará la situación de incapacidad temporal hasta la fecha de la última resolución.

- **Por parte de la empresa:**

  - Durante la prórroga de la situación de incapacidad temporal se mantendrá la colaboración obligatoria en el pago de la prestación, así como la colaboración voluntaria, en su caso.

Iniciación de un expediente de incapacidad permanente

El derecho al subsidio de IT puede agotarse en situaciones relacionadas con la incapacidad permanente en las que se dan unas premisas comunes:

- **Extinción de la IT**: el alta médica con propuesta de incapacidad permanente, «cualquiera que sea el momento en el que sea expedida», extinguirá la situación de incapacidad temporal.

- **Prolongación de los efectos económicos de la IT**: cuando la extinción se produjera por alta médica con propuesta de incapacidad permanente, o por el transcurso de los 545 días naturales, el trabajador estará en la situación de prolongación de efectos económicos de la incapacidad temporal hasta que se notifique la resolución en la que se califique la incapacidad permanente.

- **Obligación de cotizar**: en caso de extinción de la incapacidad temporal anterior al agotamiento de los quinientos cuarenta y cinco días naturales de duración de la misma sin que exista ulterior declaración de incapacidad permanente, subsistirá la obligación de cotizar mientras no se extinga la relación laboral o hasta la extinción del citado plazo de quinientos cuarenta y cinco días naturales, de producirse con posterioridad dicha declaración de inexistencia de incapacidad permanente.

- **Efectos del reconocimiento de la incapacidad permanente**: cuando se reconozca la prestación de incapacidad permanente, sus efectos coincidirán con la fecha de la resolución de la entidad gestora por la que se reconozca, salvo que la misma sea superior a la que venía percibiendo el trabajador en concepto de prolongación de los efectos de la incapacidad temporal, en cuyo caso se retrotraerán aquellos efectos al día siguiente al de extinción de la incapacidad temporal.

La norma en este punto distingue tres supuestos:

- **Una posible recaída** (tratada en el punto correspondiente).

- **La iniciación por el INSS de expediente de incapacidad permanente antes del agotamiento de los 545 días de prórroga de la incapacidad temporal.**

  - Como novedad, el inicio del expediente de incapacidad permanente se articula a través de la emisión de una alta médica con propuesta de incapacidad permanente.

  - Cuando, iniciado un expediente de incapacidad permanente antes de que hubieran transcurrido los 545 días naturales de duración del subsidio de incapacidad temporal, se denegara el derecho a la prestación de incapacidad permanente, el Instituto Nacional de la Seguridad Social, a través de su inspección médica, será el único competente para emitir, dentro de los 180 días naturales posteriores a la resolución denegatoria, una nueva baja médica por la misma o similar patología.

  - En estos casos se reanudará el proceso de incapacidad temporal hasta el cumplimiento de los quinientos cuarenta y cinco días, como máximo.

- **La iniciación por el INSS de expediente de incapacidad permanente transcurrida la prórroga de hasta 545 días de la situación de incapacidad temporal. Demora de la calificación de la incapacidad permanente durante seis meses más [sin que en ningún caso se puedan rebasar los 730 días naturales sumados los de incapacidad temporal (365) y los de prolongación de sus efectos (180 días)].**

  - Cuando el derecho al subsidio se extinga por el transcurso del período de 545 días naturales, se examinará «en el plazo máximo de noventa días naturales», el estado del incapacitado a efectos de su calificación, en el grado de incapacidad permanente que corresponda.

– No obstante, en aquellos casos en los que, continuando la necesidad de tratamiento médico por la expectativa de recuperación o la mejora del estado del trabajador, con vistas a su reincorporación laboral, la situación clínica del interesado hiciera aconsejable demorar la citada calificación, esta podrá retrasarse por el período preciso, sin que en ningún caso se puedan rebasar los setecientos treinta días naturales sumados los de incapacidad temporal y los de prolongación de sus efectos.

– Durante estos períodos (noventa días de calificación y de demora de la calificación), no subsistirá la obligación de cotizar.

> **A TENER EN CUENTA.** La posibilidad de que la calificación de la incapacidad permanente pueda prolongarse más allá de los 730 días es una situación excepcional. Ante esta situación de excepcionalidad, el abono de la prestación de IT es responsabilidad de las mutuas. **(Criterio de gestión n.º 26/2023, de 16 de octubre. INSS).**

3.6. Recaída y recidiva en caso de incapacidad temporal del autónomo

La distinción entre recaída y recidiva es crucial para determinar la duración y condiciones de la prestación por incapacidad temporal para los autónomos. La normativa establece criterios claros para la acumulación de períodos de incapacidad y los requisitos necesarios para acceder a las prestaciones en caso de recaída.

Recaída

Se considera **recaída** cuando el autónomo sufre una nueva baja por la misma enfermedad o accidente que originó la incapacidad temporal anterior, dentro de los 180 días naturales siguientes a la finalización de la incapacidad anterior (salvo los procesos por bajas médicas por menstruación incapacitante secundaria en los que cada proceso se considerará nuevo).

La duración de la prestación por incapacidad temporal en caso de recaída se sumará al periodo de la incapacidad temporal anterior, sin que en ningún caso pueda exceder de los límites máximos establecidos por la normativa vigente, que son 365 días prorrogables por 180 días más (art. 169.2 de la LGSS).

En estos casos:

• El autónomo debe presentar un nuevo parte de baja médica, emitido por el médico de atención primaria o el especialista que lo atienda, indicando que se trata de una recaída.

- La prestación económica por incapacidad temporal se reanudará desde el día siguiente a la fecha de la recaída, sin necesidad de cumplir nuevamente el periodo de carencia.

- La base reguladora de la IT del autónomo estará constituida por la base de cotización del trabajador correspondiente al mes anterior al de la baja médica, dividida en 30. Esta base se mantendrá durante todo el proceso, incluidas recaídas, salvo que el interesado hubiese optado por una base de cotización inferior, en cuyo caso, se tendrá en cuenta esta última (art. 6 del Real Decreto 1273/2003).

Recidiva

Por recidiva se entiende la nueva baja que sufre el trabajador por la misma enfermedad (proceso patológico de la misma naturaleza), pero por la que ya agotó el periodo máximo del subsidio o habiendo transcurrido más de 180 días (6 meses) desde la baja anterior.

Partiendo de que «si el proceso de incapacidad laboral transitoria se viere interrumpido por períodos de actividad laboral por un tiempo superior a seis meses, se iniciará otro nuevo, aunque se trate de la misma o similar enfermedad» (art. 9 de la Orden de 13 de octubre de 1967) podemos distinguir, a efectos de acumulación de los períodos sucesivos de incapacidad interrumpidos por la actividad laboral, dos situaciones (STS, rec. 2973/1994, de 8 de mayo de 1995, ECLI:ES:TS:1995:2599):

- **Periodo de actividad superior a seis meses**: si tras el proceso de IT se realiza un periodo de actividad superior a seis meses, se iniciará un nuevo proceso de IT, aunque se trate de la misma o similar enfermedad. En este caso, el elemento temporal es decisivo y excluyente, y se abordará con un «contador a cero» de la prestación.

- **Periodo de actividad inferior a seis meses**:
  - **Dolencia distinta**: si el proceso de IT deriva de una dolencia distinta, es independiente y no cabe la acumulación temporal con el anterior.
  - **Mismo proceso patológico**: si la IT responde al mismo proceso patológico anterior, la duración máxima de la prestación se acumulará al periodo anterior hasta llegar a los 365 días prorrogables por otros seis.

JURISPRUDENCIA

STS, rec. 1031/2009, de 24 de noviembre de 2009, ECLI:ES:TS:2009:8450

El TS analiza la exigencia del requisito de alta o situación asimilada en el Régimen Especial de Trabajadores Autónomos ante la Incapacidad Temporal por la misma o similar enfermedad sin haber agotado la prestación y antes del transcurso de seis meses.

STS, rec. 981/1998, de 1 de febrero de 1999, ECLI:ES:TS:1999:530

Se establece el derecho a prestación de IT para autónomos del REA, aunque se hubiese agotado el periodo máximo de duración y se trate de la misma enfermedad, en un caso de recaída de enfermedad a los seis meses de la incapacidad.

> **STSJ de Andalucía, rec. 781/2022, de 16 de marzo de 2023, ECLI:ES:TSJAND:2023:3375**
>
> *«(...) los cuadros clínicos que presentaba la parte actora en el momento que inicia la incapacidad temporal que se está discutiendo pone de manifiesto que la enfermedad que padecía en dicho momento era diferente a la que presentaba en la anterior proceso de incapacidad temporal puesto que queda así acreditado que es diagnosticada de vértigo periférico y si ciertamente presenta raquialgia generalizada, también presenta síndrome vertiginoso, dolencia esta que no figuraba en el anterior proceso de incapacidad temporal por lo cual tiene derecho a la prestación económica que se está discutiendo confirmándose en todos los extremos la sentencia de instancia».*

3.7. Incapacidad temporal y cese de actividad del autónomo

Cuando se habla de cese de actividad de un autónomo nos podemos referir a dos supuestos en los que la IT también puede estar presente:

- **Cese de actividad**: cuando el autónomo se da de baja en la Seguridad Social y en la Agencia Tributaria, dejando de trabajar abandonando su actividad profesional.

- **Prestación por cese de actividad**: es una prestación económica que protege al autónomo cuando finaliza su actividad por motivos económicos, técnicos, productivos, organizativos, fuerza mayor, pérdida de licencia administrativa, violencia de género, divorcio o separación matrimonial. Esta prestación se regula mediante la Ley 32/2010, de 5 de agosto y los arts. 327-350 de la LGSS.

Ambas se relacionan de forma que si el cese de actividad se produce mientras el autónomo se encuentra en situación de incapacidad temporal, este seguirá percibiendo la prestación por incapacidad temporal en la misma cuantía que la prestación por cese de actividad hasta que la misma se extinga. En ese momento, pasará a percibir la prestación económica por cese de actividad, siempre que reúna los requisitos legalmente establecidos.

Atendiendo al art. 343 de la LGSS, encontramos **distintas situaciones sobre la prestación analizada en la obra**:

Incapacidad temporal durante el cese de actividad

- **Continuidad de la prestación**: como hemos dicho, si el autónomo se encuentra en situación de incapacidad temporal cuando se produce el cese de actividad, seguirá percibiendo la prestación por incapacidad temporal en la misma cuantía que la prestación por cese de actividad hasta que esta se extinga.

- **Transición a prestación por cese de actividad**: una vez extinguida la prestación por incapacidad temporal, y siempre que se cumplan los requisitos legales, el autónomo pasará a percibir la prestación económica por cese de actividad. El tiempo en incapacidad temporal se descontará del período de percepción de la prestación por cese de actividad.

Maternidad o paternidad durante el cese de actividad

- **Continuidad de la prestación**: si el hecho causante del cese de actividad ocurre mientras el autónomo está en situación de maternidad o paternidad (prestación por nacimiento y cuidado de menor), seguirá percibiendo la prestación correspondiente hasta que esta se extinga.
- **Transición a prestación por cese de actividad**: una vez extinguida la prestación por maternidad o paternidad, y siempre que se cumplan los requisitos legales, el autónomo pasará a percibir la prestación económica por cese de actividad.

Incapacidad temporal durante la percepción de la prestación por cese de actividad

- **Recaída de proceso previo**: si la incapacidad temporal es una recaída de un proceso iniciado antes del cese de actividad, el autónomo percibirá la prestación por incapacidad temporal en la misma cuantía que la prestación por cese de actividad. Si la incapacidad temporal continúa más allá del período de duración de la prestación por cese de actividad, seguirá percibiendo la prestación por incapacidad temporal en la misma cuantía.
- **Nuevo proceso de incapacidad temporal**: si la incapacidad temporal no es una recaída, el autónomo percibirá la prestación por incapacidad temporal en cuantía igual a la prestación por cese de actividad. Si la incapacidad temporal continúa más allá del período de duración de la prestación por cese de actividad, la cuantía será igual al 80 % del IPREM mensual.
- **No ampliación del período de prestación**: el período de percepción de la prestación por cese de actividad no se ampliará debido a la incapacidad temporal. Durante esta situación, el órgano gestor se hará cargo de las cotizaciones a la Seguridad Social hasta el agotamiento del período de duración de la prestación.

Maternidad o paternidad durante la percepción de la prestación por cese de actividad

- **Transición a prestación por maternidad o paternidad (prestación por nacimiento y cuidado de menor)**: si el autónomo se encuentra en situación de maternidad o paternidad durante la percepción de la prestación por cese de actividad, pasará a percibir la prestación correspondiente por estas contingencias.

- **Reanudación de la prestación por cese de actividad**: una vez extinguida la prestación por maternidad o paternidad, el órgano gestor reanudará de oficio el abono de la prestación económica por cese de actividad hasta el agotamiento del período de duración al que se tenga derecho.

3.8. Pérdida o suspensión del derecho al subsidio

Las principales causas que pueden llevar a la pérdida o suspensión del derecho al subsidio de incapacidad temporal para un trabajador autónomo son:

- **Actuación fraudulenta**: el derecho al subsidio puede ser denegado, anulado o suspendido cuando el beneficiario haya actuado fraudulentamente para obtener o conservar dicha prestación.

- **Trabajo por cuenta propia o ajena**: la realización de trabajos por cuenta propia o ajena durante la percepción del subsidio es incompatible con el mismo y puede llevar a la suspensión del derecho al subsidio.

- **Rechazo o abandono del tratamiento médico**: el derecho al subsidio también puede ser suspendido si el beneficiario, sin causa razonable, rechaza o abandona el tratamiento médico que le fue indicado.

- **Incomparecencia injustificada**: la incomparecencia injustificada a los exámenes o reconocimientos médicos establecidos por los médicos adscritos al Instituto Nacional de la Seguridad Social o a la Mutua también puede llevar a la extinción del derecho al subsidio.

- **Transcurso del plazo máximo**: el derecho al subsidio se extingue por el transcurso del plazo máximo de 545 días naturales desde la baja médica.

- **Alta médica**: el derecho al subsidio se extingue por alta médica, ya sea por curación, mejoría que permita al trabajador realizar su trabajo habitual, o por reconocimiento de incapacidad permanente.

- **Reconocimiento de pensión de jubilación**: el derecho al subsidio se extingue al acceder a la pensión de jubilación.

- **Fallecimiento del beneficiario**: el derecho al subsidio se extingue por el fallecimiento del beneficiario.

Habrá que recordar, como analizaremos con posterioridad, que el art. 25.1 de la Ley sobre Infracciones y Sanciones en el Orden Social (LISOS), reputa como infracción administrativa grave «Efectuar trabajos por cuenta propia o ajena durante la percepción de prestaciones, cuando exista incompatibilidad legal o reglamentariamente establecida, sin perjuicio de lo dispuesto en el apartado 2 del artículo siguiente», por tanto, no existe compatibilidad legal alguna entre subsidio y trabajo. (**STSJ de Asturias, rec. 449/2019, de 28 de mayo de 2019, ECLI:ES:TSJAS:2019:1365**).

Corresponde a las mutuas la función de declaración del derecho al subsidio, así como las de su denegación, suspensión, anulación y declaración de extinción en los procesos de incapacidad temporal correspondientes a trabajadores dependientes de empresas asociadas y de los trabajadores por cuenta propia adheridos (art. 80 del Real Decreto 1993/1995, de 7 de diciembre).

A las mutuas les viene atribuida la actividad de gestión de la IT, puesto que los arts. 6 y 8 del Real Decreto 625/2014, de 18 de julio, les confieren el ejercicio del «(...) el control y seguimiento de la prestación económica de la incapacidad temporal objeto de gestión, pudiendo realizar a tal efecto aquellas actividades que tengan por objeto comprobar el mantenimiento de los hechos y de la situación que originaron el derecho al subsidio, a partir del momento en que se expida el parte médico de baja, sin perjuicio de las competencias que corresponden a los servicios públicos de salud en materia sanitaria».

CUESTIÓN

En caso de IT, ¿es posible pedir la alta voluntaria?

Los autónomos pueden pedir la alta voluntaria, siempre que el facultativo esté de acuerdo.

¿Puede seguir trabajando un autónomo de baja?

No se puede recibir la prestación por baja y realizar una actividad remunerada al mismo tiempo

3.9. Pluriactividad: ¿cómo afecta la situación de pluriactividad a un autónomo de baja por incapacidad temporal?

La pluriactividad es la situación del trabajador por cuenta propia y/o ajena cuyas actividades den lugar a su alta obligatoria en dos o más Regímenes distintos del Sistema de la Seguridad Social. Esta situación permite a los autónomos optar por no cubrir la IT en el RETA, si ya tienen cobertura en otro régimen, y en caso de baja médica, pueden recibir prestaciones de ambos regímenes si tienen la cobertura en ambos. Además, pueden beneficiarse de reducciones en sus cotizaciones.

- **Cobertura de la IT**: si el autónomo en pluriactividad ha optado por no cubrir la IT en el Régimen Especial de Trabajadores Autónomos (RETA), solo recibirá la prestación correspondiente a su trabajo por cuenta ajena. Si tiene la cobertura de IT tanto en el Régimen General de la Seguridad Social (RGSS) como en el RETA, podrá recibir prestaciones de ambos regímenes.

- **Opcionalidad de la cobertura de la IT**: la cobertura de la prestación económica por IT es obligatoria para todos los autónomos que se den de alta en el RETA, pero es opcional para aquellos en situación de pluriactividad que ya tengan derecho a la prestación por IT en otro régimen del Sistema de la Seguridad Social.

- **Acumulación de bases de cotización**: en caso de no cumplir el tiempo de carencia necesario para lucrar la prestación por IT en uno de los regímenes, las bases de cotización acreditadas en el régimen de pluriactividad pueden ser acumuladas a las del régimen en que se cause la pensión, exclusivamente para la determinación de la base reguladora, sin exceder el límite máximo de cotización vigente.

- **Bonificaciones y reducciones**: los nuevos autónomos en situación de pluriactividad pueden beneficiarse de reducciones en su base de cotización, dependiendo de si trabajan a jornada completa o parcial por cuenta ajena.

JURISPRUDENCIA

STS, rec. 1508/2003, de 7 de abril de 2004, ECLI:ES:TS:2004:2400

Compatibilidad entre las prestaciones por IT y el alta en el reta en caso de doble afiliación y alta por doble actividad. Se matiza que la compatibilidad entre prestaciones por IT y alta en el RETA en caso de doble afiliación depende de la influencia de la enfermedad en ambas actividades y no solo de la literalidad del art. 25.1 de la LISOS.

Cotización en los supuestos de pluriactividad

Se considerará pluriactividad la **situación del trabajador por cuenta propia y/o ajena cuyas actividades den lugar a su alta obligatoria en dos o más Regímenes distintos del sistema de la Seguridad Social** (art. 7.4.1.º del Real Decreto 84/1996, de 26 de enero).

CUESTIÓN

¿Qué diferencias existen entre pluriempleo y pluriactividad?

El art. 7.4.1.º del Real Decreto 84/1996, de 26 de enero, define la situación de pluriactividad como aquella que se produce cuando una persona ejerce simultáneamente distintas actividades (o la misma actividad pero en condiciones o formas diversas) que dieran lugar a su inclusión en diferentes Regímenes del sistema de Seguridad Social, por cuenta de más de una persona, «a diferencia del pluriempleo, que se origina cuando esa misma situación da lugar a su inclusión en el mismo Régimen. Los periodos superpuestos resultantes de tales situaciones no permiten su cómputo a los efectos de obtener la carencia necesaria para el acceso a una prestación, aun cuando puedan servir para mejorar la Base Reguladora o el porcentaje aplicable a la misma» (STSJ de Andalucía n.º 1025/2007, 15 de marzo de 2007, ECLI:ES:TSJAND:2007:1943).

Como **peculiaridades en esta situación hay que destacar:**

En materia de inscripción, afiliación, altas, bajas y variaciones de datos en caso de pluriactividad

El art. 41.1 del Real Decreto 84/1996, de 26 de enero, establece:

- Deberán solicitarse altas y bajas en función de los regímenes en que se encuentren comprendidos.

- Las altas y bajas seguirán la forma y condiciones establecidas en los arts. 29 y ss. del Real Decreto 84/1996, de 26 de enero.

- En el supuesto de realización simultánea de dos o más actividades que den lugar a la inclusión en el RETA, el alta y la cotización en dicho régimen, serán únicas y según el art. 46.3 del del Real Decreto 84/1996, de 26 de enero.

- Si una de las actividades determinase la inclusión en el Sistema Especial para Trabajadores por Cuenta Propia Agrarios, el alta se practicará por dicha actividad.

- La Tesorería General de la Seguridad Social podrá pedir, a efectos de la comprobación de la existencia de pluriactividad, informe del Organismo Estatal Inspección de Trabajo y Seguridad Social.

Cuando el alta inicial en el RETA dé lugar a una situación de pluriactividad

Se aplicarán las reglas en la cotización establecidas en los arts. 313 de la LGSS y 44.4 del Real Decreto 2064/1995, de 22 de diciembre:

Elección de base de cotización

- En el momento del alta:

  - Los trabajadores autónomos (con carácter general) deberán elegir, en el mismo momento de solicitar su alta, dentro del plazo establecido para formular esta, una única base de cotización provisional para todas las contingencias y situaciones amparadas por la acción protectora de este régimen especial (teniendo en cuenta el art. 47.2 del Real Decreto 2064/1995, de 22 de diciembre y el art. 308 de la LGSS).

  - La base de cotización elegida en el momento del alta deberá estar comprendida, en función del promedio mensual de la previsión, por parte de la persona trabajadora por cuenta propia o autónoma, de sus rendimientos netos anuales, entre la base de cotización mínima y la máxima establecida anualmente, para el tramo de rendimientos en que se encuentre la previsión anteriormente indicada.

Las bases de cotización mensuales elegidas tendrán carácter provisional hasta que se proceda, en su caso, a su regularización en el año natural siguiente (art. 46 del Real Decreto 2064/1995, de 22 de diciembre).

- Posteriormente a la solicitud del alta:

Los trabajadores autónomos deberán solicitar el cambio de su base de cotización, para ajustar la cotización del año natural de que se trate, a las previsiones que vayan teniendo de sus rendimientos netos anuales, pudiendo elegir, a tal efecto, cualquier base de cotización comprendida entre la mínima del tramo 1 de la tabla reducida de bases y la máxima del tramo superior de la tabla general (art. 45 del Real Decreto 2064/1995, de 22 de diciembre).

- En caso de pluriactividad:

Los trabajadores autónomos en situación de pluriactividad podrán elegir como base de cotización aquella que, conforme a sus previsiones de rendimientos netos anuales y bases de cotización que prevean les vaya a resultar de aplicación como trabajadores por cuenta ajena, permita ajustar su cotización en este régimen especial (teniendo presente el procedimiento de reintegro del exceso de cotizaciones establecido en el art. 313 de la LGSS).

Reintegro del exceso de cotizaciones por contingencias comunes

Los trabajadores autónomos que, en razón de un trabajo por cuenta ajena desarrollado simultáneamente, coticen en régimen de pluriactividad, y lo hagan durante el año 2024, teniendo en cuenta tanto las cotizaciones efectuadas en este régimen especial como las aportaciones empresariales y las correspondientes al trabajador en el régimen de Seguridad Social que corresponda por su actividad por cuenta ajena, tendrán derecho al reintegro del 50 por ciento del exceso en que sus cotizaciones por contingencias comunes superen la cuantía establecida normativamente, con el tope del 50 por ciento de las cuotas ingresadas en este régimen especial en razón de su cotización por las contingencias comunes (art. 313 de la LGSS y art. 16.8 de la Orden PJC/51/2024, de 29 de enero).

La TGSS procederá a abonar el reintegro que en cada caso corresponda en un plazo máximo de cuatro meses desde la regularización prevista en el art. 308.1.c) de la LGSS, salvo cuando concurran especialidades en la cotización que impidan efectuarlo en ese plazo o resulte necesaria la aportación de datos por parte del interesado, en cuyo caso el reintegro se realizará con posterioridad al mismo.

Exclusión de cotizar por incapacidad temporal del trabajador autónomo en caso de pluriactividad

La cobertura de la prestación de incapacidad temporal es obligatoria salvo que se tenga cubierta dicha contingencia en razón de la actividad realizada en otro régimen de la Seguridad Social. Es decir, en caso de pluriactividad, el autónomo podrá acogerse voluntariamente a la cobertura de dicha contingencia, así como, en su caso, renunciar (art. 315 de la LGSS).

Cotizaciones superpuestas en varios regímenes en orden a las pensiones de la Seguridad Social

Cuando se acrediten cotizaciones a varios regímenes y no se cause derecho a pensión en uno de ellos, las bases de cotización acreditadas en este último en régimen de pluriactividad podrán acumularse a las del régimen en que se cause la pensión, exclusivamente para la determinación de la base reguladora de la misma, sin que la suma de las bases pueda exceder del límite máximo de cotización vigente en cada momento (art. 49 de la LGSS).

RESOLUCIÓN RELEVANTE

STSJ de las Is. de Canarias n.º 560/2004, de 7 de junio de 2004, ECLI:ES:TSJICAN:2004:2529

En situación de pluriactividad (art. 7.4.º 1 RD 84/1996, de 26 de enero), la determinación de la base reguladora es diferente, según que se acredite o no el derecho a la pensión en todos los regímenes afectados.

«Es necesario acreditar todos los requisitos para causar derecho a la pensión de forma independiente en cada uno de ellos, por lo que la base reguladora se calculará también de forma independiente en cada uno de los regímenes con arreglo a sus propias normas. Por ello deben ser tenidas en cuenta las cotizaciones efectuadas con independencia del régimen para el que se realizaron. El régimen aplicable será distinto según que se cumplan o no independientemente los requisitos en cada uno de ellos. Si no se acreditan todos los requisitos independientemente para devengar la pensión en cada uno de los regímenes, la pensión es única, y la base reguladora se calcula totalizando las cotizaciones únicamente en aquel régimen al que corresponde resolver, lo que no impide computar, de ser necesario, períodos cotizados a otros regímenes siempre que no se superpongan. Esto quiere decir que si no reúne cotizaciones suficientes de forma independiente en cada Régimen, habrá que recurrir al cómputo recíproco de cotizaciones y sólo si tales cotizaciones no se superponen. Vemos cómo son computables las cotizaciones realizadas en cualquier régimen del sistema de Seguridad Social, aunque la prestación se cause en otro: la cotización se considera realizada al sistema y no al régimen, siempre que no se superpongan en el tiempo (art. 9.2 LGSS; Decreto 295/1973, de 16 de noviembre, sobre cómputo recíproco de cotizaciones en el sistema de la Seguridad Social; artículo 4 R.D 691/1991, de 12 de abril, sobre cómputo recíproco de cuotas entre regímenes de Seguridad Social y art. 9. apartados 2 y 3)».

4.
EXENCIÓN, EXONERACIÓN Y BONIFICACIÓN EN EL PAGO DE CUOTAS A LOS TRABAJADORES AUTÓNOMOS: ¿EXISTEN EN EL CASO DE LOS AUTÓNOMOS?

4.1. Exención en el pago de cuotas a los trabajadores autónomos en caso de IT

Como hemos tratado a lo largo de la obra, los autónomos que se encuentran en situación de incapacidad temporal (IT) tienen derecho a una exención en el pago de sus cuotas a la Seguridad Social. Según la normativa vigente, los autónomos solo están obligados a pagar su cuota durante los dos primeros meses de baja por incapacidad temporal. A partir del tercer mes, es decir, transcurridos 60 días desde la baja médica, el pago de las cuotas por todas las contingencias corresponde a la mutua colaboradora con la Seguridad Social, a la entidad gestora o, en su caso, al servicio público de empleo estatal, con cargo a las cuotas por cese de actividad.

> A TENER EN CUENTA. En otras prestaciones como la maternidad o paternidad, mientras el autónomo está de baja, sus cotizaciones están bonificadas al 100 %.

4.2. Cotización al RETA a partir de la edad de jubilación: ¿el autónomo está exento de cotizar a IT?

La Seguridad Social bonifica la cuota a los autónomos que tengan más de 65 años. Pero no se incluye la cotización por IT.

Siguiendo el art. 311 de la LGSS, los trabajadores incluidos en el régimen especial de trabajadores por cuenta propia o autónomos quedarán exentos de cotizar a la Seguridad Social, **salvo por incapacidad temporal y por contingencias profesionales**, una vez hayan alcanzado la edad de acceso a la pensión de jubilación que en cada caso resulte de aplicación [art. 205.1.a) y D.T. 7.ª de la LGSS y Orden de cotización anual].

- Haber cumplido sesenta y siete años de edad.

- Haber cumplido sesenta y cinco años cuando se acrediten treinta y ocho años y seis meses de cotización, sin que se tenga en cuenta la parte proporcional correspondiente a las pagas extraordinarias.

> **A TENER EN CUENTA.** El tipo de cotización por incapacidad temporal derivada de contingencias comunes en estos supuestos será: del 1,56 por 100 para los trabajadores por cuenta propia o autónomos y para los trabajadores por cuenta propia del Régimen Especial de la Seguridad Social de los Trabajadores del Mar; y del 3,30 (en caso de acogerse a la mejora voluntaria de la incapacidad temporal por contingencias comunes) o el 2,80 por 100 (en caso de acogerse a la protección por contingencias profesionales o por cese de actividad) en el supuesto de los trabajadores por cuenta propia agrarios. [Art. 30 de la Orden PJC/51/2024, de 29 de enero].

Si al cumplir la edad correspondiente a que la se refiere anteriormente, el trabajador no tuviera cotizados el número de años en cada caso requerido, la exención prevista será aplicable a partir de la fecha en que se acrediten los años de cotización exigidos para cada supuesto.

Las edades de jubilación y el período de cotización se aplicarán de forma gradual, en los términos que resultan del cuadro establecido en la D.T. 7.ª de la LGSS citada.

> **JURISPRUDENCIA**
>
> **STS n.º 191/2018, de 21 de febrero de 2018, ECLI:ES:TS:2018:819**
>
> Analizando el acceso a la pensión de jubilación en el Régimen General de la Seguridad Social tras prestar servicios encuadrado exonerado del pago de cuotas, el TS entiende que, para el cálculo de la base reguladora de la pensión en el periodo en el que el trabajador estuvo exonerado de cotizar, se aplican las reglas del régimen en el que se concedió la pensión, es decir, del Régimen General de la Seguridad Social, calculándose las bases atendiendo a las bases por las que hubiera cotizado en el año inmediatamente anterior.

4.3. Bonificación ante ciertas ausencias

Fuera de la exoneración a partir del día 61 de baja el autónomo solo encontrará beneficios en la seguridad social ligados a ciertas ausencias.

Los arts. 30, 38, 38 bis y 38 quater de la Ley 20/2007, de 11 de julio, del Estatuto del trabajo autónomo, regulan una serie de bonificaciones en ellos contenidas a las bases de cotización a que se refiere el artículo 308 del texto refundido de la Ley General de la Seguridad Social.

Bonificación a los trabajadores por cuenta propia por conciliación de la vida profesional y familiar vinculada a la contratación

|| Beneficiarios/Bonificación

Los trabajadores incluidos en el RETA tendrán derecho, por un plazo de hasta doce meses, a una bonificación del 100 por cien de la cuota por contingencias comunes que resulte de aplicar a la base media que tuviera el trabajador en los doce meses anteriores a la fecha en la que se acoja a esta medida, el tipo de cotización para contingencias comunes vigente en cada momento, excluido el correspondiente a la incapacidad temporal derivada de contingencias comunes, en el citado Régimen Especial, en los siguientes supuestos (art. 30 de la LETA):

* Por cuidado de menores de doce años que tengan a su cargo.

* Por tener a su cargo un familiar, por consanguinidad o afinidad hasta el segundo grado inclusive, en situación de dependencia, debidamente acreditada.

* Por tener a su cargo un familiar, por consanguinidad o afinidad hasta el segundo grado inclusive, con parálisis cerebral, enfermedad mental o discapacidad intelectual con un grado de discapacidad reconocido igual o superior al 33 por ciento o una discapacidad física o sensorial con un grado de discapacidad reconocido igual o superior al 65 por ciento, cuando dicha discapacidad esté debidamente acreditada, siempre que dicho familiar no desempeñe una actividad retribuida.

En el caso de que el trabajador lleve **menos de doce meses de alta continuada en el RETA**, la base media de cotización se calculará desde la última fecha de alta, siendo el resultado de multiplicar por 30 la cuantía resultante de dividir la suma de las bases de cotización del último periodo de alta continuada entre el número de días de alta correspondientes a dicho periodo.

A efectos del cálculo de esta bonificación, la base media a la que se refiere este apartado se calculara con las bases de cotización, provisionales o definitivas, existentes en el momento de la aplicación inicial de la bonificación, sin que la cuantía de la bonificación sea objeto de modificación como consecuencia de la regularización de las bases de cotización provisionales a la que se refiere el artículo 308.1.c) del texto refundido de la Ley General de la Seguridad Social.

También resultará de aplicación esta medida, cuando cumplan los requisitos en ellos establecidos, a los trabajadores por cuenta propia que queden incluidos en el grupo primero de cotización del Régimen Especial de la Seguridad Social de los Trabajadores del Mar.

> **A TENER EN CUENTA.** Esta bonificación **consiste en el 100 % de la cuota por contingencias comunes que resulte de aplicar a la base media que tuviera el trabajador en los 12 meses anteriores a la fecha en la que se acoja a esta medida, el tipo de cotización para contingencias comunes vigente en cada momento, excluido el correspondiente a la incapacidad temporal.** El BNR 1/2023, de 9 de enero de 2023, aclara las actuaciones en el ámbito de afiliación y cotización.

Necesidad de permanencia de alta en el RETA y contratación de un trabajador a tiempo completo o parcial

La aplicación de la bonificación estará condicionada a la permanencia en alta en el RETA y a la contratación de un trabajador, a tiempo completo o parcial, que deberá mantenerse durante todo el periodo de su disfrute. En todo caso:

- La duración del contrato deberá ser, al menos, de 3 meses desde la fecha de inicio del disfrute de la bonificación. Dicho trabajador contratado será ocupado en la actividad profesional que da lugar al alta en el Sistema de Seguridad Social del trabajador autónomo.

- Cuando se extinga la relación laboral, incluso durante el periodo inicial de 3 meses, el trabajador autónomo podrá beneficiarse de la bonificación si contrata a otro trabajador por cuenta ajena en el plazo máximo de 30 días.

- El contrato a tiempo parcial no podrá celebrarse por una jornada laboral inferior al 50 por ciento de la jornada de un trabajador a tiempo completo comparable. Si la contratación es a tiempo parcial, la bonificación será del 50 por ciento.

Incumplimiento

En caso de incumplimiento de lo previsto en el apartado anterior, el trabajador autónomo estará obligado a reintegrar el importe de la bonificación disfrutada.

No procederá el reintegro de la bonificación cuando la extinción esté motivada por causas objetivas o por despido disciplinario cuando una u otro sea declarado o reconocido como procedente, ni en los supuestos de extinción causada por dimisión, muerte, jubilación o incapacidad permanente total, absoluta o gran invalidez del trabajador o por resolución durante el periodo de prueba.

Cuando proceda el reintegro, este quedará limitado exclusivamente a la parte de la bonificación disfrutada que estuviera vinculada al contrato cuya extinción se hubiera producido en supuestos distintos a los citados.

En caso de no mantenerse en el empleo al trabajador contratado durante, al menos, 3 meses desde la fecha de inicio del disfrute de la bonificación, el trabajador autónomo estará obligado a reintegrar el importe de la bonificación disfrutada, salvo que, conforme a lo dispuesto en el apartado anterior, se proceda a contratar a otra persona en el plazo de 30 días.

El trabajador autónomo que se beneficie de la bonificación **deberá mantenerse en alta en la Seguridad Social durante los seis meses siguientes al vencimiento del plazo de disfrute** de la misma. En caso contrario el trabajador autónomo estará obligado a reintegrar el importe de la bonificación disfrutada.

> **CUESTIÓN**
>
> **¿Qué sucede si el menor de 12 años supera esta edad mientras se disfruta de la bonificación?**
>
> En caso de que el menor que dio lugar a la bonificación alcanzase la edad de doce años con anterioridad a la finalización del disfrute de la bonificación, esta se podrá mantener hasta alcanzar el periodo máximo de 12 meses previsto, siempre que se cumplan el resto de las condiciones.

|| Especificaciones

En el caso de que el trabajador lleve menos de doce meses de alta continuada en el Régimen Especial de la Seguridad Social de Trabajadores por Cuenta Propia o Autónomos, la base media de cotización se calculará desde la última fecha de alta, siendo el resultado de multiplicar por 30 la cuantía resultante de dividir la suma de las bases de cotización del último periodo de alta continuada entre el número de días de alta correspondientes a dicho periodo.

Solo tendrán derecho a la bonificación los trabajadores autónomos que carezcan de trabajadores asalariados en la fecha de inicio de la aplicación de la bonificación y durante los doce meses anteriores a la misma.

> **A TENER EN CUENTA.** No se tomará en consideración a los efectos anteriores al trabajador contratado mediante contrato de interinidad para la sustitución del trabajador autónomo durante los periodos de descanso por maternidad, paternidad, adopción o acogimiento tanto preadoptivo como permanente o simple, riesgo durante el embarazo o riesgo durante la lactancia natural.

Los beneficiarios de la bonificación tendrán derecho a su disfrute una vez por cada uno de los sujetos causantes a su cargo, siempre que se cumplan el resto de los requisitos previstos.

|| Compatibilidad

Esta medida será compatible con el resto de incentivos a la contratación por cuenta ajena vigentes.

|| Regulación normativa complementaria

En lo no previsto expresamente, las contrataciones realizadas al amparo de lo establecido en este artículo se regirán por lo dispuesto en el art. 15.1.c) del Estatuto de los Trabajadores y sus normas de desarrollo.

Bonificación a los trabajadores por cuenta propia por conciliación de la vida profesional y familiar vinculada a la contratación
(Art. 30 de la LETA)

Trabajadores incluidos en el RETA

Durante **doce meses**

Bonificación del 100 por cien de la cuota de autónomos por contingencias comunes **(1)** en los siguientes **supuestos:**

Cuidado de menores de 12 años que tengan a su cargo

Cuidado de familiar **(2)** que tengan a su cargo en situación de dependencia

Cuidado de familiar **(2)** con parálisis cerebral, enfermedad mental o discapacidad intelectual con un grado de discapacidad igual o superior al 33 % o una discapacidad física o sensorial con un grado igual o superior al 65 %, cuando dicha discapacidad esté debidamente acreditada, siempre que dicho familiar no desempeñe una actividad retribuida

Requisitos **(3)**

- Contratación de un trabajador, a tiempo completo o parcial, durante todo el periodo

- Permanencia en alta en el RETA

1.- La duración del contrato deberá ser, al menos, de 3 meses desde la fecha de inicio del disfrute de la bonificación

2.- El trabajador será ocupado en la actividad profesional que da lugar al alta en el Sistema de Seguridad Social del trabajador autónomo

3.- Cuando se extinga la relación laboral, ha de contratarse a otro trabajador por cuenta ajena en el plazo máximo de 30 días para seguir beneficiándose de la bonificación

4.- **Contrato a tiempo parcial**:
 - No podrá celebrarse por una jornada laboral inferior al 50 %
 - La bonificación prevista será del 50 %

(1) Que resulte de aplicar, a la base media que tuviera el trabajador en los 12 meses anteriores a la fecha en la que se acoja a esta medida, el tipo de cotización para contingencias comunes vigente en cada momento, excluido el correspondiente a la incapacidad temporal derivada de contingencias comunes. En el caso de que el trabajador lleve menos de doce meses de alta continuada, se establecen especialidades para el cálculo.

(2) Por consanguinidad o afinidad hasta el segundo grado inclusive.

(3) En caso de incumplimiento, autónomo estará obligado a reintegrar el importe de la bonificación según lo establecido en el art. 30.3 de la LETA. (*) Aplicable a trabajadores por cuenta propia incluidos en el grupo primero de cotización del REM

Bonificación de cuotas para trabajadores autónomos durante el descanso por nacimiento, adopción, guarda con fines de adopción, acogimiento, riesgo durante el embarazo o riesgo durante la lactancia natural

|| Beneficiarios/Bonificación

Los trabajadores incluidos en el RETA tendrán derecho, durante los períodos de descanso por nacimiento, adopción, guarda con fines de adopción, acogimiento, riesgo durante el embarazo o riesgo durante la lactancia natural, **a una bonificación del 100 por cien de la cuota** por contingencias comunes resultante de aplicar a la base media que tuviera el trabajador en los doce meses anteriores a la fecha en la que inicie esta bonificación, el tipo de cotización para contingencias comunes vigente en cada momento, excluido el correspondiente a la incapacidad temporal derivada de dichas contingencias (art. 38 de la LETA).

|| Compatibilidad

La bonificación que se analiza es compatible con las bonificaciones en los contratos de duración determinada que se celebren con personas desempleadas para sustitución de personas trabajadoras en los supuestos analizados [art. 17.1. c) del Real Decreto-ley 1/2023, de 10 de enero].

|| Especificaciones

En el caso de que el trabajador lleve menos de 12 meses de alta continuada en el Régimen Especial de la Seguridad Social de Trabajadores por Cuenta Propia o Autónomos, la base media de cotización se calculará desde la última fecha de alta, siendo el resultado de multiplicar por 30 la cuantía resultante de dividir la suma de las bases de cotización entre el número de días de alta del período de alta continuada.

A efectos del cálculo de esta bonificación, la base media se calculará con las bases de cotización, provisionales o definitivas, existentes en el momento de la aplicación inicial de la bonificación, sin que la cuantía de la bonificación sea objeto de modificación como consecuencia de la regularización de las bases de cotización provisionales a la que se refiere el art. 308.1.c) de la LGSS.

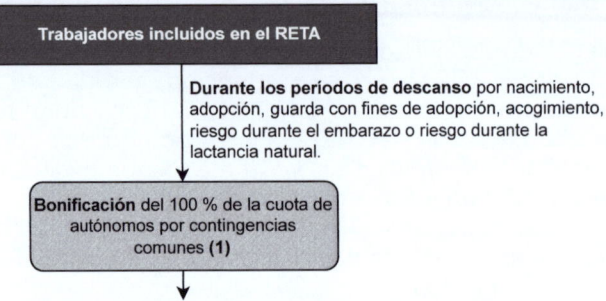

Bonificación de cuotas para trabajadores autónomos durante el descanso por nacimiento, adopción, guarda con fines de adopción, acogimiento, riesgo durante el embarazo o riesgo durante la lactancia natural (Art. 38 de la LETA) (aplicable también para REM y socios trabajadores o de trabajo de las sociedades cooperativas)

Trabajadores incluidos en el RETA

Durante los períodos de descanso por nacimiento, adopción, guarda con fines de adopción, acogimiento, riesgo durante el embarazo o riesgo durante la lactancia natural.

Bonificación del 100 % de la cuota de autónomos por contingencias comunes **(1)**

Compatible con bonificaciones de cuotas a la Seguridad Social de los contratos de duración determinada que se celebren con personas desempleadas para sustituir al autónomo durante su baja por nacimiento, adopción, guarda con fines de adopción, acogimiento, riesgo durante el embarazo o riesgo durante la lactancia natural (art. 17 del Real Decreto-ley 1/2023, de 10 de enero).

(1) Resultante de aplicar a la base media que tuviera el trabajador en los 12 meses anteriores a la fecha en la que inicie esta bonificación, el tipo de cotización para contingencias comunes vigente en cada momento (excluido el correspondiente a la IT por contingencias comunes).

En el caso de que el trabajador lleve menos de 12 meses de alta continuada en el RETA, la base media de cotización se calculará desde la última fecha de alta:
[Bases de cotización / entre el número de días de alta continuada] x 30

Bonificaciones a las trabajadoras autónomas que se reincorporen al trabajo en determinados supuestos

|| Beneficiarios/Bonificación

Las trabajadoras incluidas en el Régimen Especial de la Seguridad Social de los Trabajadores por Cuenta Propia o Autónomos o, como trabajadoras por cuenta propia, en el grupo primero de cotización del Régimen Especial de la Seguridad Social de los Trabajadores del Mar, que, habiendo cesado su actividad por nacimiento de hijo o hija, adopción, guarda con fines de adopción, acogimiento y tutela, en los términos legalmente establecidos, **vuelvan a realizar una actividad por cuenta propia dentro de los dos años inmediatamente siguientes a la fecha efectiva del cese**, tendrán derecho a una bonificación, durante los **veinticuatro meses** inmediatamente siguientes a la fecha de su reincorporación al trabajo, del **80 por ciento de la cuota por contingencias comunes** resultante de aplicar a la base media que tuvieran las trabajadoras en los doce meses anteriores a la fecha en que cesaron en su actividad, el tipo de cotización para contingencias comunes vigente en cada momento, excluido el correspondiente a la incapacidad temporal derivada de dichas contingencias (art. 38 bis de la LETA).

‖ Especificaciones

En el caso de que la trabajadora lleve menos de 12 meses de alta continuada en el RETA antes del cese de la actividad, la base media de cotización se calculará desde la última fecha de alta, siendo el resultado de multiplicar por 30 la cuantía resultante de dividir la suma de las bases de cotización entre el número de días de alta del período de alta continuada. A efectos del cálculo de esta bonificación, la base media se calculará con las bases de cotización, provisionales o definitivas, existentes en el momento de la aplicación inicial de la bonificación, sin que la cuantía de la bonificación sea objeto de modificación como consecuencia de la regularización de las bases de cotización provisionales.

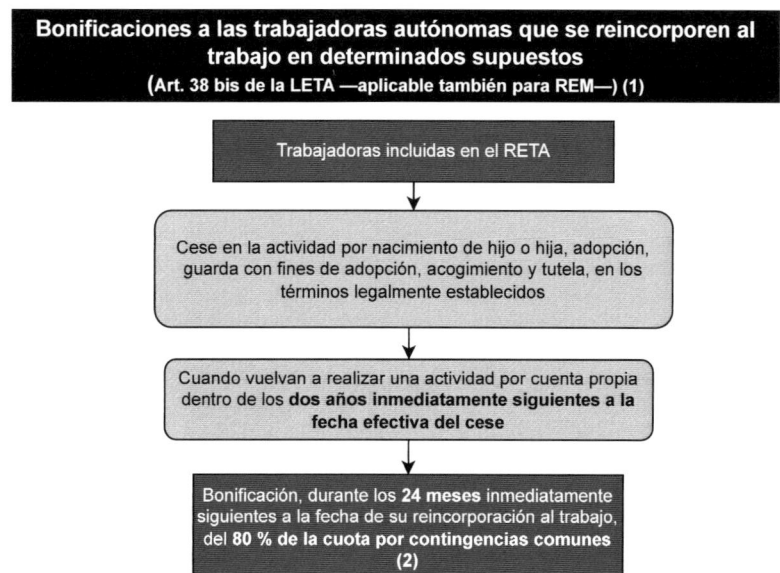

Bonificaciones a las trabajadoras autónomas que se reincorporen al trabajo en determinados supuestos
(Art. 38 bis de la LETA —aplicable también para REM—) (1)

Trabajadoras incluidas en el RETA

Cese en la actividad por nacimiento de hijo o hija, adopción, guarda con fines de adopción, acogimiento y tutela, en los términos legalmente establecidos

Cuando vuelvan a realizar una actividad por cuenta propia dentro de los **dos años inmediatamente siguientes a la fecha efectiva del cese**

Bonificación, durante los **24 meses** inmediatamente siguientes a la fecha de su reincorporación al trabajo, del **80 % de la cuota por contingencias comunes** (2)

(1) De cumplir los requisitos, también se aplica a las trabajadoras por cuenta propia del grupo primero de cotización del Régimen Especial de la Seguridad Social de los Trabajadores del Mar.

(2) Resultante de aplicar a la base media que tuvieran las trabajadoras en los doce meses anteriores a la fecha en que cesaron en su actividad, el tipo de cotización para contingencias comunes vigente en cada momento, excluido el correspondiente a la incapacidad temporal derivada de dichas contingencias.

Bonificación en la cotización por cuidado de menor afectado por cáncer u otra enfermedad grave

|| Beneficiarios/Bonificación

Los trabajadores autónomos que sean beneficiarios de la prestación para el cuidado de menores afectados por cáncer u otra enfermedad grave tendrán derecho, **durante el período de percepción de dicha prestación**, a una **bonificación del 75 por ciento** de la cuota por contingencias comunes que resulte de aplicar a la base media que tuviera el trabajador en los doce meses anteriores a la fecha en la que inicie esta bonificación, el tipo de cotización para contingencias comunes vigente en cada momento, excluido el correspondiente a la incapacidad temporal derivada de contingencias comunes, en el Régimen Especial de Trabajadores por cuenta propia o autónomos (art. 38 quater de la LETA).

|| Especificaciones

En el caso de que el trabajador lleve menos de doce meses de alta continuada en el RETA, la base media de cotización se calculará desde la última fecha de alta, siendo el resultado de multiplicar por 30 la cuantía resultante de dividir la suma de las bases de cotización entre el número de días de alta del período de alta continuada. A efectos del cálculo de esta bonificación, la base media se calculará con las bases de cotización, provisionales o definitivas, existentes en el momento de la aplicación inicial de la bonificación, sin que la cuantía de la bonificación sea objeto de modificación como consecuencia de la regularización de las bases de cotización provisionales.

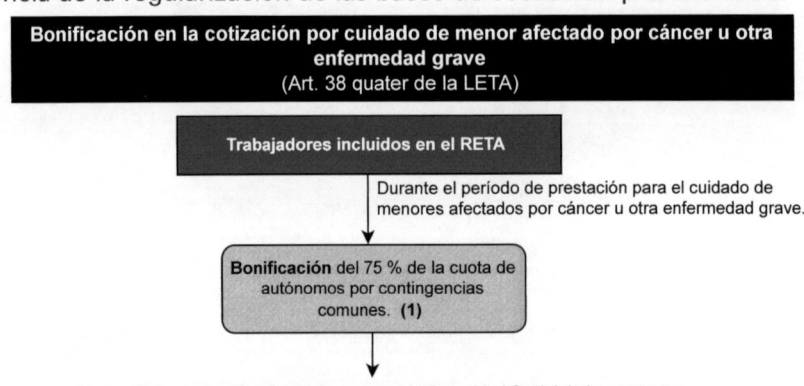

(1) Resulte de aplicar a la base media que tuviera el trabajador en los doce meses anteriores a la fecha en la que inicie esta bonificación, el tipo de cotización para contingencias comunes vigente en cada momento, excluido el correspondiente a la incapacidad temporal derivada de contingencias comunes, en el RETA. En el caso de que el trabajador lleve menos de 12 meses de alta en el RETA, la base media de cotización se calculará desde la última fecha de alta, siendo el resultado de multiplicar por 30 la cuantía resultante de dividir la suma de las bases de cotización entre el número de días de alta del período de alta continuada.

(*) Aplicable igualmente a trabajadores por cuenta propia que queden incluidos en el grupo primero de cotización del Régimen Especial de la Seguridad Social de los Trabajadores del Mar.

5.
RECLAMACIONES ASOCIADAS A LA IT DEL AUTÓNOMO: ¿QUÉ HACER SI LA MUTUA RECHAZA LA BAJA LABORAL O LA CONTINGENCIA PROFESIONAL?

Puede suceder que presentada la solicitud de pago directo por incapacidad temporal ante la mutua, la entidad deniegue al autónomo la prestación aludiendo algún motivo (a modo de ej.: fraude para obtener la prestación, conocer la patología que causa la IT con carácter previo al alta en el RETA, etc.), que se discuta la consideración de la prestación como contingencia común o profesional o, en múltiples ocasiones, que se proceda a dar de alta al trabajador autónomo sin que se haya recuperado de sus patologías.

En todos los casos, si el autónomo no está conforme con la resolución que ha recibido por parte de una mutua deberá reclamar no encontrando diferencias significativas con el procedimiento por parte de los trabajadores por cuenta ajena. Analizamos algunos de los supuestos más recurrentes:

Cambio de contingencia

En el ámbito de la incapacidad temporal de los trabajadores autónomos, existen dos tipos de contingencias: la profesional y la común. La contingencia profesional se refiere a accidentes de trabajo o enfermedades profesionales, mientras que la contingencia común se relaciona con enfermedades comunes o accidentes no laborales. En ocasiones, los autónomos pueden no estar conformes con la contingencia asignada a su baja médica y pueden solicitar un cambio de valoración.

El cambio de contingencia puede ser solicitado en diversas situaciones, tales como:

- **Proceso anterior de incapacidad temporal**: cuando un autónomo ha tenido un proceso anterior de incapacidad temporal derivado de un accidente de trabajo o enfermedad profesional, y posteriormente recibe una baja por enfermedad común emitida por el Servicio Público de Salud.

- **Reclamación de accidente de trabajo**: cuando un autónomo tiene un proceso de incapacidad temporal por enfermedad común y reclama que se trata de un accidente de trabajo, sin parte de accidente de trabajo y con negativa de la Mutua a expedir dicho parte.

- **Declaración de enfermedad común**: cuando un proceso de incapacidad temporal derivado de un accidente de trabajo o enfermedad profesional se pretende declarar como enfermedad común.

- **Origen en proceso finalizado**: cuando un proceso actual de incapacidad temporal por enfermedad común tiene su origen en un proceso finalizado derivado de un accidente de trabajo o enfermedad profesional.

Un ejemplo típico es cuando un autónomo sufre un accidente laboral y se tramita la incapacidad temporal por contingencias comunes en lugar de contingencias profesionales. En estos casos, el autónomo debe reclamar el cambio de valoración mediante el procedimiento de determinación de la contingencia causante del proceso de incapacidad temporal, regulado en el artículo 6 del Real Decreto 1430/2009, de 11 de septiembre.

Atendiendo al formulario oficial de solicitud de determinación de la contingencia de incapacidad temporal del INSS, para la justificación del cambio de contingencia podría adjuntarse la siguiente documentación:

- Parte de baja médica por contingencias comunes.

- Parte de baja médica por accidente de trabajo.

- Parte de baja y alta por accidente de trabajo.

- Parte de accidente de trabajo.

- Informes y pruebas médicas que puedan ayudar a determinar la contingencia.

- Partes de baja y alta de los procesos anteriores que puedan tener relación con el proceso por el que se solicita la valoración.

Impugnación de alta médica

Es frecuente que las mutuas, o el INSS, emitan una alta médica sin que el trabajador autónomo esté en condiciones de reincorporarse a su puesto de trabajo. Si un trabajador en situación de incapacidad temporal recibe el alta médica y no está de acuerdo con esta decisión, tiene la posibilidad de impugnarla. Los procedimientos y plazos para impugnar el alta médica varían según el tiempo de baja y el tipo de contingencia (común o profesional).

El art. 3 del Real Decreto 1430/2009, de 11 de septiembre, regula la impugnación del alta médica tanto para trabajadores por cuenta propia como por cuenta ajena.

A TENER EN CUENTA. Si un autónomo impugna el alta médica recibida no podrá percibir rendimientos de su actividad económica mientras el procedimiento no se resuelva. El cobro de la prestación es incompatible con los rendimientos de la actividad (art. 175.1 de la LGSS).

Existencia de la patología que causa la IT con carácter previo al alta en el RETA

Con carácter general, para acceder a la prestación de IT, la enfermedad debe sobrevenir después de la afiliación y alta en el sistema de la Seguridad Social, salvo que se demuestre un agravamiento de una enfermedad preexistente durante el periodo de afiliación.

Así el art. 165.1 de la Ley General de la Seguridad Social exige para causar derecho a las prestaciones de Seguridad Social el requisito general de estar afiliado y en alta o situación asimilada al alta al sobrevenir la contingencia o situación protegida, salvo disposición legal expresa en contrario. Por tal exigencia, la situación de incapacidad temporal exige que las lesiones o enfermedades que la determinen surjan con posterioridad a la afiliación y alta del trabajador en cualquier régimen de la Seguridad Social, es decir, que se trate de una incapacidad sobrevenida y posterior al desempeño de un empleo o actividad profesional.

Pero como señala la jurisprudencia (con respecto a la incapacidad permanente), el hecho de que tales enfermedades las padezca el interesado con anterioridad a la afiliación no es razón suficiente para que no proceda tal declaración, si las mismas experimentan una agravación o empeoramiento durante el periodo de tiempo en que aquel estuvo afiliado y en alta en el sistema de la Seguridad Social, pues existen enfermedades de evolución lenta y progresiva que en sus comienzos permiten trabajar hasta que llega el momento en el que por sí mismas inhabilitan para realizar todas o algunas de las fundamentales tareas de la profesión habitual o de cualquier actividad laboral. Así, para determinar si la situación protegida ha tenido lugar o no antes de la afiliación en el Sistema de la Seguridad Social, ha de estarse al momento en que aparece el efecto invalidante, en cuanto existencia real de una incapacidad para el trabajo, y no aquel en que se inicia la enfermedad. Por ello será posible acceder a la situación de incapacidad temporal a quienes, padeciendo una enfermedad congénita o desde la infancia, han podido llevar a cabo una actividad laboral dentro del sistema de la Seguridad Social durante años y posteriormente, por agravación de las dolencias previamente padecidas, se han visto privados de su capacidad laboral en el grado que corresponda.

Por lo demás, ante la ausencia de controles médicos a la hora de efectuar la afiliación, si la Entidad Gestora acepta el encuadramiento en el sistema de la Seguridad Social sin más, hay que presumir que las enfermedades surgieron después de dicho encuadramiento, correspondiendo a la dicha Entidad la carga de demostrar que el trabajador ya sufría tales dolencias con anterioridad a la afiliación, o que las dolencias no se han agravado en relación con el estado que tenía en el momento de la incorporación al sistema, por lo que no ha perdido capacidad para el trabajo.

RESOLUCIÓN RELEVANTE

STSJ de Galicia, rec. 3206/2018, de 25 de enero de 2019, ECLI:ES:TSJGAL:2019:1026

«En conclusión, su alta en el RETA no viene justificada por la realización de actividad alguna, tan solo para la obtención indebida de la prestación. Por ello, al existir

indicios de la actuación fraudulenta aducida por la Mutua, la denegación del subsidio es ajustada a derecho. Al haberlo entendido en el mismo sentido la Magistrada de instancia, procede la desestimación del motivo de censura jurídica y, por su efecto, la del recurso de suplicación, debiendo ser confirmada la sentencia combatida en todos sus pronunciamientos».

Falta de declaración del sustituto

El art. 12 del Real Decreto 1273/2003, de 10 de octubre, por el que se regula la cobertura de las contingencias profesionales de los trabajadores incluidos en el Régimen Especial de la Seguridad Social de los Trabajadores por Cuenta Propia o Autónomos, y la ampliación de la prestación por incapacidad temporal para los trabajadores por cuenta propia, éstos vendrán obligados a presentar, ante la correspondiente entidad gestora o colaboradora, en la forma y con la periodicidad que determine la entidad gestora del régimen en que estén encuadrados, declaración sobre la persona que gestione directamente el establecimiento mercantil, industrial o de otra naturaleza del que sean titulares o, en su caso, el cese temporal o definitivo en la actividad.

La falta de presentación de la declaración dará lugar a que por la entidad gestora o colaboradora se suspenda cautelarmente el abono de la prestación, iniciándose las actuaciones administrativas oportunas a efectos de verificar que se cumplen los requisitos condicionantes del acceso y percibo de la prestación.

Actuación fraudulenta para obtener o conservar el subsidio

El art. 175.1 de la citada Ley General de la Seguridad Social dispone que el derecho al subsidio de incapacidad temporal podrá ser anulado cuando el beneficiario haya actuado fraudulentamente para obtenerlo o conservarlo. Previsión legal que, en orden a su aplicación al supuesto que nos ocupa, exige determinar el carácter fraudulento o no de la actuación del autónomo dado que el fraude nunca se presume y quien alega su existencia tiene la carga de acreditarlo. Es decir, para este tipo de extinciones o anulaciones de la IT, es necesaria la acreditación de una conducta fraudulenta por medio de prueba indiciaria, mediante la probanza cumplida de hechos a partir de los cuales pueda deducirse otro a través de enlaces precisos y directos según las reglas del criterio humano (art. 386 párrafo 1.º de la Ley de Enjuiciamiento Civil), especialmente teniendo en cuenta la dificultad de la prueba directa en los casos de fraude, dado el interés de los autores del mismo en cubrir o enmascarar el proceder ilícito. (**STSJ de Castilla La-Mancha, rec. 1097/2015, de 12 de mayo de 2016, ECLI:ES:TSJCLM:2016:1294**).

Por otro lado, el art. 26.1 de la Ley de Infracciones y Sanciones en el Orden Social, tipifica como infracción muy grave de los trabajadores o asimilados, beneficiarios y solicitantes de prestaciones la de «actuar fraudulentamente con el fin de obtener prestaciones indebidas o superiores a las que correspondan, o prolongar indebidamente su disfrute mediante la aportación de datos o documentos falsos; la simulación de la relación laboral; y la omisión de declaraciones legalmente obligatorias u otros incumplimientos que puedan ocasionar percepciones fraudulentas», sancionada conforme lo previsto en el art. 47.1.c) con la pérdida de la prestación durante un periodo de 6 meses, y sin perjuicio del reintegro de las cantidades indebidamente percibidas que dispone el art. 47.3 del mismo texto legal.

JURISPRUDENCIA

STS, rec. 2905/2005, de 9 de octubre de 2006, ECLI:ES:TS:2006:7154

La pérdida o suspensión del derecho al subsidio de incapacidad temporal por parte de un trabajador autónomo, en caso de realizar actividades remuneradas, solo puede ser decidida por la Entidad Gestora y no por la Mutua, y debe seguirse el procedimiento sancionador adecuado para ello.

RESOLUCIÓN RELEVANTE

STSJ de Madrid n.º 574/2003, de 25 de abril de 2003, ECLI:ES:TSJM:2003:6419

Se analiza el caso de una trabajadora por cuenta propia, afiliada al RETA y dedicada a la fabricación y venta de productos textiles y complementos, que tenía asegurada con una mutua la incapacidad temporal, tanto por contingencias comunes como profesionales. Con fecha 27-10-2001 la trabajadora sufrió un accidente de tráfico, permaneciendo en situación de incapacidad temporal hasta el 1 de julio de 2002. Con fecha 14-12-2001 la Mutua reconoció a la trabajadora la prestación por incapacidad temporal. Con fecha 8-5-2002, la Mutua remitió escrito a la trabajadora, siendo notificada esta última el día 14-5-2002, comunicando la denegación de la prestación económica a partir del día 9 de abril de 2002, al tener prueba de que venía desempeñando funciones laborales. En los hechos probados consta que la actora permaneció en los locales de una empresa durante los días 9-4-2002, 10-4-2002 y 24 y 25-4-2002. La actora presentó reclamación previa frente al INSS y la Mutua, por no estar conforme con dicha decisión denegatoria, siendo desestimada por ambas entidades. Tras la interposición de la correspondiente demanda esta fue desestimada en la instancia. La sentencia de suplicación confirmó el fallo de la sentencia de instancia, entendiendo que la denegación procedía, porque, aunque no se demostró que trabajaba todos los días, lo cierto es que la actora no estaba impedida para el trabajo. Señala, además, que la mutua puede proceder a denegar la prestación en los supuestos previstos en el art. 132.1.b) LGSS/19994 [actual 175.1.b) de la LGSS/2015], teniendo en cuenta que la denegación de la prestación no constituye una sanción al amparo de la LISOS, sino al amparo del citado precepto de la LGSS.

STSJ de Cataluña, rec. 577/2002, de 12 de noviembre de 2003, ECLI:ES:TSJCAT:2003:11273

Un trabajador autónomo con cobertura de IT concertada con una MATEPSS, encontrándose en proceso de IT derivado de enfermedad común y percibiendo dicho subsidio, vio suspendido su derecho a seguir percibiéndolo por comunicación de la Mutua señalando que estaba actuando de forma fraudulenta al compatibilizar la IT con el trabajo. Lo ocurrido en este caso es que la autónoma, titular de un establecimiento de ropa y que vivía en el mismo domicilio donde está ubicado el comercio, se personó el 24 de diciembre entre las 10:20 horas y las 11:35 horas en dicho comercio acompañada de su marido y «efectuó la apertura del local barriendo a continuación la acera existente delante del mismo». La Sala en este caso decidió por una parte que la Mutua no tenía competencia para suspender por sí misma las prestaciones económicas de IT en el caso de que la actora hubiera estado trabajando, pero, además, tomando en consideración el contenido del hecho probado cuarto de la sentencia de instancia y «las apreciaciones de hecho» —pero con valor de hecho probado— contenidas en el último párrafo del fundamento jurídico segundo de la misma, respecto a que la demandante, acompañada de su marido, el día 24 de diciembre efectuó la apertura del comercio de su titularidad, barriendo a continuación la acera existente delante del establecimiento, y permaneciendo únicamente una hora en el local hasta que llegó su hija que era la encargada de llevar la tienda, la Sala estima, en total coincidencia con el Juzgador de instancia, que la descrita actividad no puede considerarse como el trabajo por cuenta propia o ajena a que se refiere el artículo 132.1.b) de la Ley General de la Seguridad Social/1994 [actual 175.1.b) de la LGSS/2015], y que puede conllevar la denegación, anulación o suspensión del subsidio.

Incremento de la base de cotización antes de pedir una baja

La STS n.º 489/2022, de 31 de mayo de 2022, ECLI:ES:TS:2022:2278 (para una prestación de riesgo durante el embarazo y maternidad en el RETA), ha dictaminado que los autónomos que aumenten su base de cotización antes de solicitar una baja por incapacidad temporal o maternidad estarán cometiendo fraude. Esta práctica puede llevar a la pérdida de la prestación y la obligación de devolver el dinero percibido.

Dado que, como hemos tratado, la cuantía del subsidio por incapacidad temporal se computa teniendo en cuenta la base de cotización del mes anterior a la baja, los autónomos que aumenten su base de cotización, para evitar sanciones, deberán poder justificar cualquier aumento con incrementos en los ingresos. Con el nuevo sistema de cotización según los ingresos, este tipo de acciones son menos frecuentes.

5.1. Determinación de la contingencia causante de los procesos de incapacidad temporal

El procedimiento para la determinación de la contingencia causante de los procesos de incapacidad temporal se podrá iniciar, a partir de la fecha de emisión del parte de baja médica (art. 6 del Real Decreto 1430/2009, de 11 de septiembre):

a) **De oficio**, por propia iniciativa del Instituto Nacional de la Seguridad Social, o como consecuencia de petición motivada de la Inspección de Trabajo y Seguridad Social, del servicio público de salud competente para gestionar la asistencia sanitaria de la Seguridad Social, o a propuesta del Instituto Social de la Marina.

b) **A instancia de la persona trabajadora o su representante legal.**

c) A instancia de las **mutuas** o de las **empresas colaboradoras**, en aquellos asuntos que les afecten directamente.

Las solicitudes deberán ir acompañadas de toda la documentación necesaria para poder determinar la contingencia, incluidos, en su caso, los informes y pruebas médicas realizadas.

> **CUESTIÓN**
>
> **¿Durante cuánto tiempo es posible solicitar un cambio de la contingencia de la IT?**
>
> Desde la fecha de emisión del parte de incapacidad temporal hasta que hayan pasado cinco años (art. 53.1 de la LGSS).

Procedimiento iniciado de oficio

Resumiendo, el **contenido del art. 6 del Real Decreto 1430/2009, de 11 de septiembre**:

|| Comunicación de la iniciación del proceso

El **Instituto Nacional de la Seguridad Social** comunicará la iniciación del procedimiento al servicio público de salud competente, a la mutua de accidentes de trabajo y enfermedades profesionales de la Seguridad Social o a la empresa colaboradora, según corresponda, cuando el procedimiento no se hubiera iniciado a su instancia y en aquellos asuntos que les afecten, para que, en el plazo improrrogable de cuatro días hábiles, aporten los antecedentes relacionados con el caso de que dispongan e informen sobre la contingencia de la que consideran que deriva el proceso patológico y los motivos del mismo. También se dará traslado al trabajador de la iniciación del procedimiento, cuando esta no hubiera sido a instancia suya, comunicándole que dispone de un plazo de diez días hábiles para aportar la documentación y hacer las alegaciones que estime oportunas.

Asimismo, el Instituto Nacional de la Seguridad Social podrá solicitar los informes y realizar cuantas actuaciones considere necesarias para la determinación, conocimiento y comprobación de los datos en virtud de los cuales debe dictar resolución.

|| Cambio de contingencia y ajustes en el pago del subsidio

Por su parte, el art. 6.3 del Real Decreto 1430/2009, de 11 de septiembre, establece **como el cambio de contingencia genera unos ajustes referidos a la responsabilidad en el pago del subsidio:**

> «Cuando por el **servicio público de salud** se hubiera emitido parte de baja por contingencias comunes, se iniciará el abono de la prestación de incapacidad temporal que por estas corresponda hasta la fecha de resolución del procedimiento, sin perjuicio de que cuando la resolución determine el carácter profesional de la contingencia, **la mutua que la cubra deba abonar al interesado la diferencia que resulte a su favor, y reintegrar tanto a la entidad gestora, en su caso, la prestación abonada a su cargo**, mediante la compensación de las cuantías que procedan,

como al servicio público de salud el coste de la asistencia sanitaria prestada. Asimismo, cuando la contingencia profesional estuviera a cargo de la entidad gestora, esta abonará al interesado las diferencias que le correspondan.

De igual modo se procederá cuando la resolución determine el carácter común de la contingencia, modificando la anterior calificación como profesional y su protección hubiera sido dispensada por una mutua. Esta deberá ser reintegrada por la entidad gestora y el servicio público de salud de los gastos generados por las prestaciones económicas y asistenciales hasta la cuantía que corresponda a dichas prestaciones en consideración a su carácter común. Asimismo, la mutua, cuando ambas contingencias fueran protegidas por la misma, realizará las correspondientes compensaciones en sus cuentas».

Puede decirse que se trata de una concreción lógica de la decisión de la entidad gestora que, en uso de sus competencias, declarara que la entidad colaboradora era la entidad responsable (o no) de la prestación económica correspondiente al proceso de incapacidad temporal. (STSJ de Andalucía n.º 2117/2019, de 11 de diciembre de 2019, ECLI:ES:TSJAND:2019:19476).

|| Equipo de valoración de incapacidades

El equipo de valoración de incapacidades emitirá un informe preceptivo, que elevará al director provincial del Instituto Nacional de la Seguridad Social, en el que se pronunciará sobre la contingencia que ha originado el proceso de dicha incapacidad.

Emitido el informe del equipo de valoración de incapacidades, el director provincial competente del Instituto Nacional de la Seguridad Social dictará la resolución que corresponda, en el plazo máximo de quince días hábiles a contar desde la aportación de la documentación por las partes interesadas, o del agotamiento de los plazos fijados (art. 6.2 del Real Decreto 1430/2009, de 11 de septiembre).

La resolución que se dicte deberá pronunciarse sobre los siguientes extremos:

a) Determinación de la contingencia, común o profesional, de la que derive la situación de incapacidad temporal y si el proceso es o no recaída de otro anterior.

b) Efectos que correspondan, en el proceso de incapacidad temporal, como consecuencia de la determinación de la contingencia causante, cuando coincidan en el tiempo dolencias derivadas de distintas contingencias.

c) Sujeto responsable de las prestaciones económicas y sanitarias.

> **A TENER EN CUENTA.** Las resoluciones emitidas por la entidad gestora podrán considerarse dictadas con los efectos atribuidos a la resolución de una reclamación previa (**art 71 de la LRJS**).

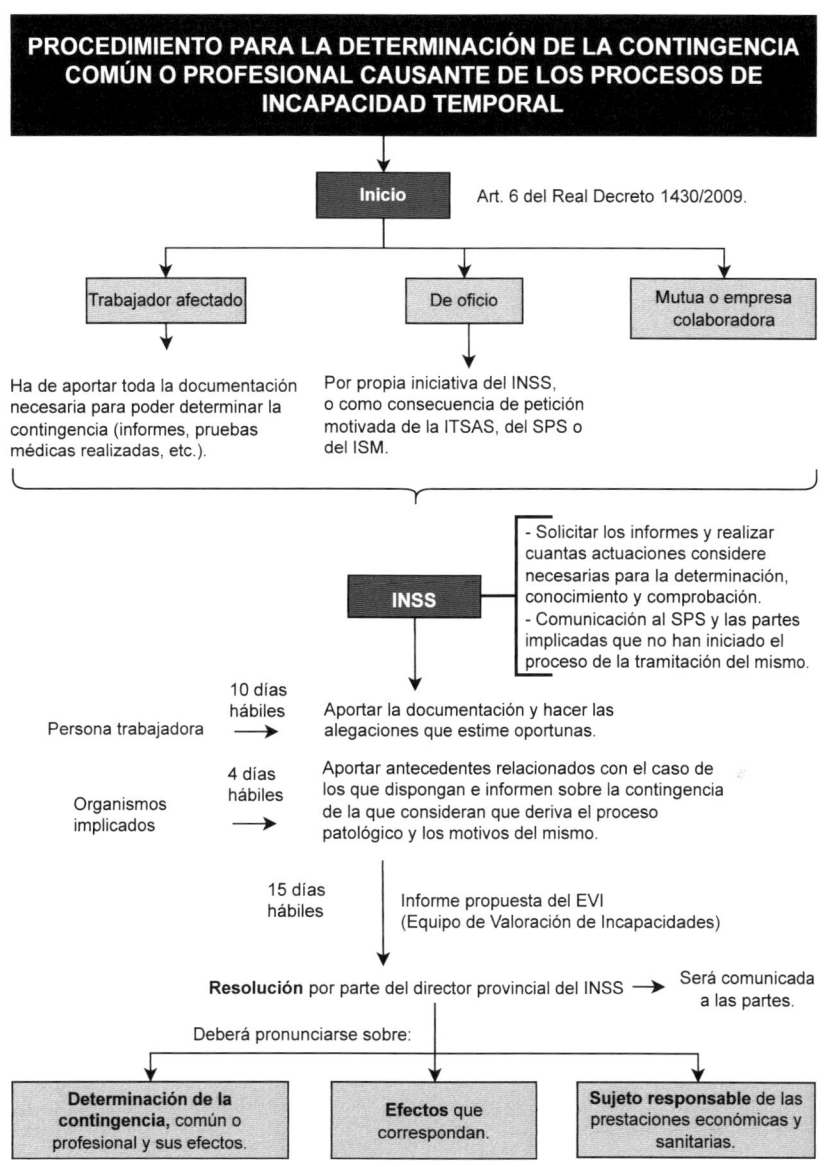

Las resoluciones emitidas por la entidad gestora podrán considerarse dictadas con los efectos atribuidos a la resolución de una reclamación previa, de conformidad con lo dispuesto en el art. 71 de la LRJS.

CUESTIONES

1. Mediante el formulario oficial de solicitud de determinación de la contingencia de incapacidad temporal del INSS, ¿qué tipo de cambios de contingencia es posible solicitar?

- La recaída de un proceso anterior de incapacidad temporal derivado de un accidente de trabajo o enfermedad profesional cuando exista alta médica y proceso posterior con baja por enfermedad común emitida por el SPS.

- Un proceso de incapacidad temporal por enfermedad común y reclamación de accidente de trabajo sin parte de accidente de trabajo y negativa de la mutua a expedir parte de baja por accidente de trabajo.

- Un proceso de incapacidad temporal derivado de un accidente de trabajo/enfermedad profesional que se pretende declarar por enfermedad común.

- Un proceso actual de incapacidad temporal por enfermedad común que tiene su origen en un proceso finalizado derivado de un accidente de trabajo/enfermedad profesional.

2. ¿Qué sucede si la resolución del INSS establece que la contingencia es de carácter profesional? ¿Y si deniega la solicitud de cambio de contingencia?

- Resolución del INSS favorable al cambio de contingencia: la contingencia será considerada como profesional desde el inició de la IT. La mutua deberá abonar la diferencia entre la prestación recibida y la de contingencias profesionales al trabajador y la asistencia sanitaria prestada por el Servicio Público de Salud.

- Resolución del INSS denegando el cambio de contingencia: la resolución emitida por la entidad gestora tiene efectos de reclamación previa por lo que, si se opta por continuar con la solicitud, será necesario demandar ante los juzgados de lo social en un plazo de 30 días.

3. ¿Qué ocurre mientras el INSS no dicte resolución?

Se continuará percibiendo la prestación por contingencias comunes.

Procedimiento iniciado a instancia de la persona trabajadora

En el caso de que el proceso se inicie por parte de la persona trabajadora, existe un **modelo oficial** de «solicitud de determinación de la contingencia profesional». Su presentación puede realizarse a través de la sede electrónica de la Seguridad Social, por correo ordinario o en un centro de atención e información de la de la Seguridad Social (CAISS). El propio modelo indica la **documentación** que será necesario aportar:

- Acreditación de identidad del solicitante y, en caso de que lo hubiera, del representante legal, del guardador de hecho/curador/defensor judicial.

- No es necesario aportar aquellos documentos que ya se encuentren en poder de la Administración actuante o hayan sido elaborados por cualquier otra Administración. No obstante, podrá aportar cualquier documento que considere que pueda ayudar a determinar la contingencia:

– Parte de baja y alta médica por contingencias comunes o profesionales emitido.

– Informes y pruebas médicas que puedan ayudar a determinar la contingencia.

– Partes de baja y alta de los procesos anteriores que puedan tener relación con el proceso por el que se solicita la valoración.

– Informe de la empresa donde se especifique la actividad del trabajador, así como las circunstancias concurrentes en la fecha del posible accidente (horario de trabajo, categoría profesional).

• Cualquier otro tipo de documentación que resulte relevante.

Procedimiento iniciado a instancia de las mutuas o de las empresas colaboradoras

El facultativo de la empresa colaboradora o de la mutua que asista al trabajador podrá inicialmente, previo reconocimiento médico preceptivo y realización, en su caso, de las pruebas que correspondan, considerar que la patología causante es de carácter común y remitir al trabajador al servicio público de salud para su tratamiento, sin perjuicio de dispensarle la asistencia precisa en los casos de urgencia o de riesgo vital. A tal efecto entregará al trabajador un informe médico en el que describa la patología y señale su diagnóstico, el tratamiento dispensado y los motivos que justifican la determinación de la contingencia causante como común, al que acompañará los informes relativos a las pruebas que, en su caso, se hubieran realizado (art. 3 del Real Decreto 625/2014, de 18 de julio).

Si, a la vista del informe de la empresa colaboradora o de la mutua, el trabajador acude al servicio público de salud y el médico de este emite parte de baja por contingencia común, el beneficiario podrá formular reclamación con relación a la consideración otorgada a la contingencia ante el Instituto Nacional de la Seguridad Social, que se sustanciará y resolverá aplicando el procedimiento regulado en el art. 6 del Real Decreto 1430/2009, de 11 de septiembre.

Por su parte, el facultativo que emita el parte de baja podrá formular su discrepancia frente a la consideración de la contingencia que otorgó la empresa colaboradora o la mutua sin perjuicio de que el parte médico produzca plenos efectos.

La resolución que se dicte establecerá el carácter común o profesional de la contingencia causante y el sujeto obligado al pago de las prestaciones derivadas de la misma y a la prestación de asistencia sanitaria, en su caso.

5.2. Disconformidad con alta médica de incapacidad temporal

En función del momento en el que se emite la alta médica, su reclamación o impugnación seguirá distintos procedimientos:

Altas médicas antes de alcanzar los 12 meses (365 días) de IT.	Enfermedad común o accidente no laboral.	Emitida por el médico de cabecera el SPS.	Reclamación previa ante el INSS.
		Emitida por inspección médica.	Reclamación previa ante el INSS e Inspección.
	Accidente de trabajo o enfermedad profesional.	Emitida por la mutua.	Reclamación ante el INSS: procedimiento de revisión según art. 4 del Real Decreto 1430/2009, de 11 de septiembre: plazo de 10 días.
Alta médica a los 12 meses (365 días) de IT • Alta médica por curación. • Alta médica por mejoría que permita la reincorporación al trabajo. • Alta médica con propuesta de incapacidad permanente. • Alta médica por incomparecencia injustificada a los reconocimientos médicos convocados por la entidad gestora.	Situaciones de contingencia común o profesional.	INSS.	Exclusión de reclamación previa (art. 71.1 de la LRJS): demanda contra el INSS. Procedimiento de disconformidad según el art. 3 del Real Decreto 1430/2009, de 11 de septiembre: 4 días naturales desde la resolución. **A TENER EN CUENTA.** Con efectos de 17/05/2023, la falta de alta médica, una vez agotado el plazo de 365 días de IT, supondrá que el trabajador se encuentra automáticamente en situación de prórroga de incapacidad temporal [nuevo art. 169.1.a) de la LGSS].

Alta médica después de los 12 meses (desde el día 365 hasta el 545) de IT. • El INSS puede dar el alta en cualquier momento al trabajador sin la obligatoriedad de que tenga que esperar los 180 días prorrogados.	Situaciones de contingencia común o profesional.	INSS.	Reclamación previa ante el INSS en el plazo de 30 días.
Alta médica tras los 18 meses (más de 545 días) de IT. • Denegación de IP.	Situaciones de contingencia común o profesional.	INSS.	Reclamación previa ante el INSS contra negativa (o silencio administrativo) de pensión de IP en el plazo de 30 días.

Reclamación administrativa previa

Establece el art. 71 de la LRJS que será requisito necesario para formular demanda en materia de prestaciones de Seguridad Social que los interesados interpongan reclamación previa ante la entidad gestora de las mismas. Se exceptúan los procedimientos de impugnación de las resoluciones administrativas expresas en las que se acuerda el alta médica emitidas por los órganos competentes de las entidades gestoras de la Seguridad Social al agotarse el plazo de duración de trescientos sesenta y cinco días de la prestación de incapacidad temporal.

Los **plazos para efectuar la reclamación previa** son los siguientes:

• En caso de existir notificación expresa o silencio administrativo: 30 días a contar desde la fecha de notificación (art. 5 del Real Decreto 1300/1995, de 21 de julio).

• Procedimientos de impugnación de altas médicas que no estén exentos de reclamación previa: 11 días a contar desde la fecha de notificación de la resolución (art. 71.2 de la LRJS).

> **A TENER EN CUENTA.** No será exigible el agotamiento previo de la vía administrativa en los procesos de impugnación de altas médicas emitidas por los órganos competentes de las entidades gestoras al agotarse el plazo de duración de 365 días de la prestación de incapacidad temporal. En todos los demás casos, donde resulta perceptiva la reclamación administrativa, se establece para su interposición 11 días y para su contestación 7.

Demanda

El proceso de impugnación de alta médica tendrá las especialidades fijadas por el art. 140 de la LRJS:

- Límite de las partes intervinientes a la entidad gestora y, en su caso, colaboradora (mutua), sin que sea necesario traer al proceso al servicio público de salud (excepto cuando se discutan altas de sus servicios médicos) ni a la empresa (saldo cuando se cuestione la contingencia).

- Se le dará tramitación urgente y preferente.

- La vista se celebrará en los cinco días siguientes a la admisión de la demanda, y la sentencia, que no tendrá recurso, se dictará en otros tres.

- No podrán acumularse a la discusión de altas médicas otras cuestiones.

Los **plazos para la presentación de la demanda** son los siguientes:

- Denegación de reclamación previa o silencio administrativo: 30 días a contar desde la fecha de notificación (art. 71.6 de la LRJS).

- Procedimientos de impugnación de alta médica: 20 días (art. 71.6, segundo párrafo de la LRJS).

Teniendo en cuenta lo anterior, repasamos las **peculiaridades de dos procesos**:

Procedimiento de revisión de las altas médicas emitidas por la mutua (contingencia profesional) con anterioridad a 365 días de duración

A continuación, analizaremos el **procedimiento de revisión de las altas médicas** expedidas por la mutua en procesos de IT derivados de contingencias profesionales con anterioridad al agotamiento del plazo de doce meses (365 días) de duración:

1. Frente a las **altas médicas** emitidas por las mutuas y por las empresas colaboradoras en los procesos de incapacidad temporal derivados de contingencias profesionales con anterioridad al agotamiento del plazo de doce meses de duración de dicha situación, el interesado podrá iniciar, ante la entidad gestora competente, el procedimiento administrativo especial de revisión de dicha alta, de acuerdo con lo previsto en el **art. 4 del Real Decreto 1430/2009, de 11 de septiembre**.

La tramitación del procedimiento indicado debe considerarse preferente por la entidad gestora, con el fin de que se dicte la resolución correspondiente en el menor tiempo posible.

2. El interesado podrá instar la revisión de la alta médica emitida por la entidad colaboradora en el **plazo de los diez días hábiles siguientes al de su notificación**, mediante solicitud presentada a tal efecto ante la entidad gestora

competente, en la que manifestará los motivos de su disconformidad con dicha alta médica. A esta solicitud se acompañará el historial médico previo relacionado con el proceso de IT de que se trate o, en su caso, copia de la solicitud de dicho historial a la entidad colaboradora.

> **A TENER EN CUENTA.** El interesado que inicie el procedimiento de revisión, lo comunicará a la empresa en el mismo día en que presente su solicitud o en el siguiente día hábil.

3. La iniciación del procedimiento especial de revisión suspenderá los efectos del alta médica emitida. Esto supone: decir, l

- Durante la tramitación del procedimiento de revisión se entenderá prorrogada la situación de incapacidad temporal derivada de contingencia profesional.

- Se mantiene el abono de la prestación en la modalidad de pago delegado, sin perjuicio de que posteriormente puedan considerarse indebidamente percibidas las prestaciones económicas de la incapacidad temporal.

4. El Instituto Nacional de la Seguridad Social (o el Instituto Social de la Marina) comunicará a la mutua de accidentes de trabajo y enfermedades profesionales de la Seguridad Social competente el **inicio del procedimiento especial de revisión** para que, en el **plazo improrrogable de cuatro días hábiles**, aporte los antecedentes relacionados con el proceso de incapacidad temporal de que se trate e informe sobre las causas que motivaron la emisión del alta médica.

> **A TENER EN CUENTA.** En el caso de que no se presentara la citada documentación, se dictará la resolución que proceda, teniendo en cuenta la información facilitada por el interesado.

La mutua de accidentes de trabajo y enfermedades profesionales de la Seguridad Social correspondiente podrá pronunciarse reconociendo la improcedencia del alta emitida, lo que motivará, sin más trámite, el **archivo inmediato del procedimiento** iniciado por el interesado ante la entidad gestora.

5. Asimismo, **la entidad gestora competente comunicará a la empresa el inicio del procedimiento en el plazo de los dos días hábiles** siguientes a la presentación de la solicitud por parte del interesado. Cuando el interesado hubiera presentado a la empresa parte médico de baja emitido por el servicio público de salud, aquélla, con el fin de coordinar las actuaciones procedentes, deberá informar de dicha circunstancia al Instituto Nacional de la Seguridad Social o al Instituto Social de la Marina, con carácter inmediato.

A su vez, **cuando el interesado solicite una baja médica derivada de contingencia común y se conociera la existencia de un proceso previo de incapacidad temporal derivada de contingencia profesional** en el que se hubiera emitido un alta médica, **el servicio público de salud deberá informar al interesado sobre la posibilidad de iniciar, en el plazo de los diez días hábiles** siguientes al de notificación del alta médica emitida por la entidad colaboradora, este procedimiento especial de revisión y, además, con carácter inmediato comunicará a la entidad gestora competente la existencia de dos procesos distintos de incapacidad temporal que pudieran estar relacionados.

En estos casos, se iniciará el abono de la prestación de incapacidad temporal por contingencias comunes hasta la fecha de resolución del procedimiento, sin perjuicio de que cuando el alta expedida por la mutua de accidentes de trabajo y enfermedades profesionales de la Seguridad Social no produzca efecto alguno, ésta deba reintegrar a la entidad gestora la prestación abonada al interesado y a éste la diferencia que resulte a su favor.

6. El director provincial competente de **la entidad gestora correspondiente dictará, en el plazo máximo de quince días hábiles, a contar desde la aportación de la documentación por parte de la entidad colaboradora, la resolución que corresponda**, previo informe preceptivo del equipo de valoración de incapacidades, que debe examinar y valorar el caso concreto.

7. **La resolución que se dicte** determinará la fecha y efectos del alta médica o el mantenimiento de la baja médica, fijando, en su caso, la contingencia de la que deriva el proceso de incapacidad temporal, así como, en su caso, la improcedencia de otras bajas médicas que pudieran haberse emitido durante la tramitación del procedimiento especial de revisión por el servicio público de salud. En consecuencia, el procedimiento terminará con alguno de los siguientes pronunciamientos:

a) Confirmación del alta médica emitida por la mutua de accidentes de trabajo y enfermedades profesionales de la Seguridad Social y declaración de la extinción del proceso de incapacidad temporal en la fecha de la mencionada alta.

b) Mantenimiento de la situación de incapacidad temporal derivada de contingencia profesional, por considerar que el interesado continúa con dolencias que le impiden trabajar. Por tanto, el alta médica emitida por la entidad colaboradora no producirá efecto alguno.

c) Determinación de la contingencia, común o profesional, de la que derive la situación de incapacidad temporal, cuando coincidan procesos intercurrentes en el mismo periodo de tiempo, y, por tanto, existan distintas bajas médicas. Asimismo, se fijarán los efectos que correspondan, en el proceso de incapacidad temporal, como consecuencia de la determinación de la contingencia causante.

d) Cuando el interesado hubiera recuperado la capacidad laboral durante la tramitación del procedimiento, se podrá declarar sin efectos el alta médica emitida por la entidad colaboradora por considerarla prematura. En estos casos, la resolución determinará la nueva fecha de efectos del alta médica y de extinción del proceso de incapacidad temporal.

8. **Cuando la entidad gestora competente confirme el alta médica emitida** por la entidad colaboradora o establezca una nueva fecha de extinción de la situación de incapacidad temporal, se considerarán indebidamente percibidas las prestaciones económicas de la incapacidad temporal, derivada de contingencias profesionales, que se hubieran abonado al interesado a partir de la fecha establecida en la resolución.

9. **Las comunicaciones efectuadas entre las entidades gestoras,** la entidad colaboradora, el servicio público de salud y la empresa se realizarán preferentemente por medios electrónicos, informáticos o telemáticos que permitan la mayor rapidez en la información.

10. Si durante la tramitación de este procedimiento especial de revisión se cumpliera el plazo de doce meses de duración de la situación de incapacidad temporal, la entidad gestora competente resolverá de conformidad con lo previsto en el art. 169.1.a) de la Ley General de la Seguridad Social.

11. El abono de la prestación de incapacidad temporal durante la tramitación de este procedimiento especial será incompatible con las rentas derivadas del ejercicio de la actividad profesional.

12. Las resoluciones emitidas por la entidad gestora, en el ejercicio de las competencias establecidas en este artículo, podrán considerarse dictadas con los efectos atribuidos a la resolución de una reclamación previa, de conformidad con lo dispuesto en el art. 71 de la LRJS, lo que se hará constar en la resolución que se dicte.

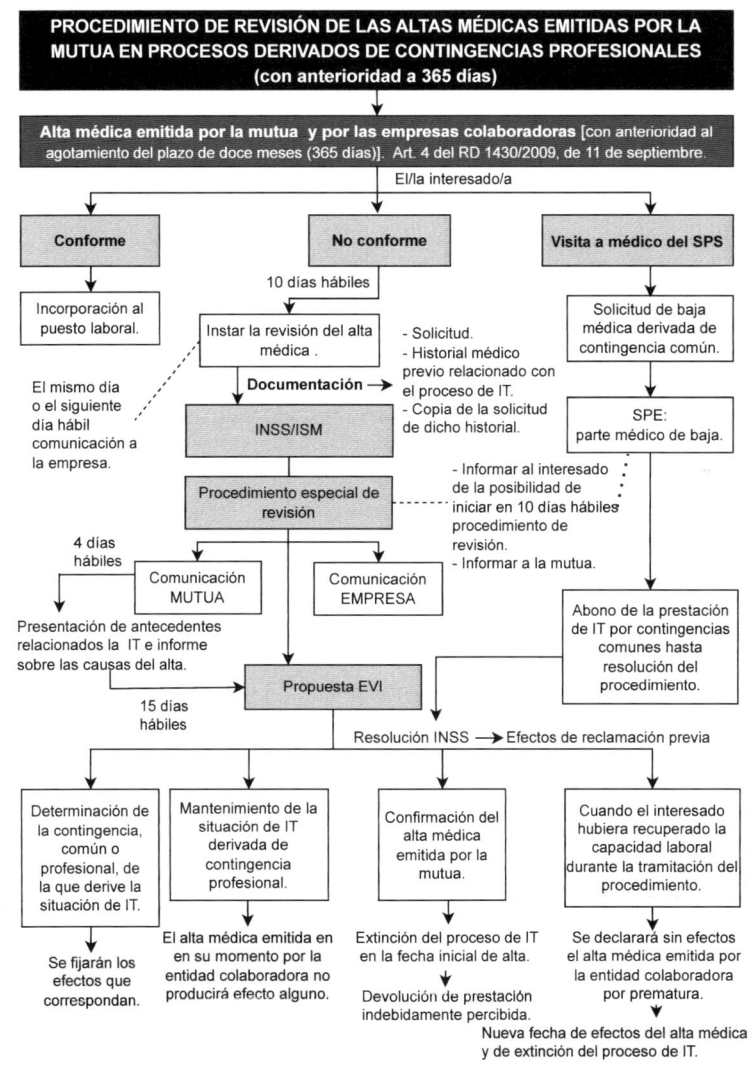

113

Procedimiento de revisión de las altas médicas superiores a 365 días de duración

En el caso del procedimiento de revisión de las altas médicas emitidas por el INSS en procesos IT de duración superior a 365 días, debemos tener en cuenta (art. 170.3 de la LGSS):

1. La falta de alta médica, una vez agotado el plazo de duración de 365 días de IT, supondrá que el trabajador se encuentra en la **situación de prórroga de incapacidad temporal** [art. 169.1.a) de la LGSS] por presumirse que, dentro del período subsiguiente de 180 días, aquel puede ser dado de alta médica por curación o mejoría.

2. Si no se produce lo anterior, agotado el plazo de duración de 365 días de IT, la **inspección médica del Instituto Nacional de la Seguridad Social** será la única competente para emitir el alta médica por:

- Curación.
- Mejoría que permita la reincorporación al trabajo.
- Propuesta de incapacidad permanente.
- Incomparecencia injustificada a los reconocimientos médicos convocados por dicha entidad gestora.

De igual modo, la citada inspección médica será la única competente para emitir **una nueva baja médica en la situación de incapacidad temporal** producida, por la misma o similar patología, en los ciento ochenta días naturales posteriores a la citada alta médica.

3. La colaboración obligatoria en el pago de la prestación se mantendrá hasta:

- Que se notifique al interesado el alta médica (por curación, por mejoría o por incomparecencia injustificada a los reconocimientos médicos).
- El último día del mes en que el Instituto Nacional de la Seguridad Social haya expedido el alta médica con propuesta de incapacidad permanente.
- Que se cumpla el periodo máximo de 545 días (finalizando en todo caso en esta fecha).

Las empresas mantendrán el pago a su cargo de la prestación hasta la fecha en que se notifique al interesado el alta médica o la resolución por la que se extinga el derecho al subsidio, incluida, en su caso, la situación de prolongación de efectos económicos de la incapacidad temporal (art. 174.5 de la LGSS).

4. El interesado podrá manifestar su disconformidad frente al alta médica a la inspección médica del SPS en el plazo máximo de los cuatro días naturales siguientes a la notificación de la resolución. En este caso [art. 169.1. a) y 170 de la LGSS y art. 3 del Real Decreto 1430/2009, de 11 de septiembre]:

- Si la inspección médica del SPS discrepara del criterio de la inspección médica del INSS, tendrá la facultad de proponerle, en el plazo máximo de siete días naturales, la reconsideración de su decisión, especificando las razones y fundamento de su discrepancia.
- Si la inspección médica del servicio público de salud se pronunciara confirmando la decisión de la Inspección médica del Instituto Nacional de la Seguridad Social o si no se produjera pronunciamiento alguno en los once días naturales siguientes a la fecha de la resolución, la menciona-

da alta médica adquirirá plenos efectos. Durante el período de tiempo transcurrido entre la fecha del alta médica y aquella en la que la misma adquiera plenos efectos se considerará prorrogada la situación de incapacidad temporal.

- Si, en el aludido plazo máximo de siete días naturales, la inspección médica del servicio público de salud hubiera manifestado su discrepancia con el alta emitida por la inspección médica del Instituto Nacional de la Seguridad Social, esta última se pronunciará expresamente en los siete días naturales siguientes, notificando al interesado la reconsideración del alta médica o su confirmación, que será también comunicada a la inspección médica del servicio público de salud. Si reconsiderara el alta médica, se reconocerá al interesado la prórroga de su situación de incapacidad temporal a todos los efectos. Si, por el contrario, se reafirmara en su decisión, para lo cual aportará las pruebas complementarias que la fundamenten, solo se prorrogará la situación de incapacidad temporal hasta la fecha de la última resolución.

- Durante la prórroga de la situación de incapacidad temporal se mantendrá la colaboración obligatoria en el pago de la prestación, así como la colaboración voluntaria, en su caso.

PROCEDIMIENTO DE REVISIÓN DE LAS ALTAS MÉDICAS EMITIDAS POR EL INSS EN PROCESOS IT DE DURACIÓN SUPERIOR A 365 DÍAS

Habiéndose agotado el plazo de duración de IT de 365 días, el INSS declara la extinción de la IT por alta médica del interesado en los supuestos del art. 170.2 de la LGSS).

Alta médica emitida por INSS

Habiéndose agotado el plazo de duración de IT de doce meses (365 días).

La falta de alta médica, una vez agotado dicho plazo, supondrá que el trabajador pase a prórroga de IT automáticamente.

El/la interesado/a

Conforme

Al día siguiente

Incorporación al puesto laboral.

NO Conforme

4 días naturales

Disconformidad ante la inspección médica SPS

SPS

Especificando razones y fundamentos

7 días

Discrepa criterio INSS

Solicita INSS reconsideración

7 días

INSS

Prórroga prestación IT y ausencia al trabajo 11 días máx.

Se reafirma

Se allana o no se pronuncia en 11 días

Prórroga de IT hasta fecha de la última resolución.

El alta médica adquirirá efectos

Incorporación al puesto laboral.

A TENER EN CUENTA. Las empresas recibirán todas las comunicaciones de su interés asociadas al proceso a través de SILTRA, o buzón correspondiente —para el caso de Autorizaciones RED Directo—. La persona trabajadora en situación de incapacidad temporal podrá presentar su disconformidad con el alta médica emitida por el INSS mediante el Portal de la Seguridad Social: **Gestión de la prestación de incapacidad temporal.**

CUESTIÓN

¿En qué momento se puede iniciar el procedimiento de disconformidad frente a las altas médicas emitidas por el INSS?

Desde el 17/05/2023, solo frente al alta médica emitida por el inspector médico en el día 366. El agotamiento del plazo de 365 días sin emisión de alta médica supone el pase automático a la prórroga de incapacidad temporal, sin necesidad de declaración expresa. De esta forma, «Si no hubiera prórroga, se mantiene la posibilidad de que el trabajador inicie el procedimiento de disconformidad frente al alta médica emitida por el INSS al agotamiento de los trescientos sesenta y cinco días de duración de la IT, lo que supone que solo frente al alta médica emitida por el inspector médico en el día 366 -o el inmediato hábil posterior ya sea por curación, por mejoría que permita la reincorporación al trabajo o por incomparecencia injustificada al reconocimiento médico, podrá el interesad». (Criterio del INSS n.º 12/2023, de 17 de mayo de 2023).

6.
OBLIGACIONES FISCALES: ¿QUÉ OBLIGACIONES FISCALES TIENE EL AUTÓNOMO DURANTE LA INCAPACIDAD TEMPORAL?

Durante la baja laboral, el autónomo se ve temporalmente incapacitado para el desarrollo de su actividad económica, algo que supondrá la paralización de su negocio si no cuenta con empleados u otras personas que se encarguen de él durante su ausencia. Aun así, seguirá soportando determinados gastos fijos (por ejemplo, el alquiler del local, la electricidad, el internet, etc.) y, paralelamente, percibirá ciertos importes económicos en consideración a su situación.

Sea como fuere, el autónomo deberá **seguir presentando sus declaraciones tributarias** como de costumbre y dentro de los plazos habituales (por ejemplo, las trimestrales), aunque muchas veces lo hará con resultado cero. No podrá desarrollar su actividad y, por tanto, cuando determine su rendimiento neto en el IRPF por el método de estimación directa, tampoco podrá deducirse los gastos estrictamente relacionados con el desempeño de la actividad (como los de desplazamiento); pero **sí será posible la deducción de gastos de carácter fijo, no ligados a la efectiva realización de la actividad** (como el alquiler del local, la luz, el internet, la cuota de autónomos, entre otros). Por supuesto, la deducibilidad de los gastos estará condicionada, como siempre, al cumplimiento de los requisitos generales que la posibilitan (correcta imputación temporal, adecuado registro en la contabilidad o los libros registros que deban llevarse, suficiente justificación documental, etc.).

Por otro lado, en los casos en los que el rendimiento neto de la actividad económica se determine por el método de estimación objetiva o módulos, el titular de la actividad podrá **solicitar la reducción de los signos, índices o módulos** en la Administración o Delegación de la AEAT correspondiente a su domicilio fiscal cuando se encuentre en situación de incapacidad temporal y no tenga otro personal empleado (art. 37.4.2.° del RIRPF). La solicitud deberá efectuarse en el plazo de 30 días a contar desde la fecha en que se produzca, aportando la oportuna documentación acreditativa. La reducción de los signos, índices o módulos que se autorice se tendrá en cuenta a efectos de los pagos fraccionados devengados con posterioridad a la fecha de la autorización.

Por lo que se refiere a la emisión de facturas, el artículo 11 del Real Decreto 1619/2012, de 30 de noviembre, por el que se aprueba el Reglamento por el que se regulan las obligaciones de facturación, establece que, con carácter general, las facturas deben expedirse en el momento de realizarse la operación. Ahora bien, cuando el destinatario de la operación sea un empresario o profesional que actúe como tal, las facturas deberán expedirse antes del día 16 del mes siguiente a aquel en el que se haya producido el devengo del IVA correspondiente a la operación. En esa medida, y dado que el autónomo no puede desarrollar su actividad durante el período de incapacidad temporal, sería posible que **emitiera facturas por prestaciones de servicios o entregas de bienes realizadas con carácter previo a la baja**, siempre dentro de los plazos y en los términos que acaban de señalarse. Lo que no podría, por supuesto, sería emitir facturas por servicios o entregas efectuadas durante la baja laboral (salvo en el supuesto de que se trate de servicios automáticos, como serían, por ejemplo, los prestados electrónicamente sin intervención del propio autónomo).

A TENER EN CUENTA. Tras la reforma operada en el artículo 96.2 de la LIRPF por parte del Real Decreto-ley 13/2022, de 26 de julio de 2022, con efectos desde el 1 de enero de 2023, las personas físicas que en cualquier momento del período impositivo hubieran estado de alta, como trabajadores por cuenta propia, en el Régimen Especial de Trabajadores por Cuenta Propia o Autónomos, o en el Régimen Especial de la Seguridad Social de los Trabajadores del Mar, estarán en cualquier caso obligadas a presentar declaración por el IRPF.

Especial referencia al tratamiento en IRPF de la prestación por IT y las cuotas pagadas por la mutua

Las prestaciones de la Seguridad Social percibidas por la incapacidad temporal tendrán la consideración de **rendimientos del trabajo** en el IRPF del autónomo. No en vano, el artículo 17.2.a) 1.ª de la LIRPF atribuye tal carácter a «las pensiones y haberes pasivos percibidos de los regímenes públicos de la Seguridad Social y clases pasivas y demás prestaciones públicas por situaciones de incapacidad, jubilación, accidente, enfermedad, viudedad, o similares, sin perjuicio de lo dispuesto en el artículo 7 de esta Ley». Igual consideración tendrán también las cotizaciones al RETA que abone la mutua colaboradora.

Es decir, el rendimiento del trabajo que tendrá que declarar el autónomo de baja comprenderá la totalidad de la prestación percibida e incluirá el importe de las cotizaciones al RETA que entregue la mutua colaboradora (a cuyo pago queda obligado el autónomo).

Sin embargo, dado que la cotización al RETA es un gasto necesario para el ejercicio de una actividad económica, cuando el rendimiento neto de la actividad se determine por el **método de estimación directa en cualquiera de sus modalidades** (normal o simplificada), conforme al artículo 30 de la LIRPF, ese pago de las cotizaciones del RETA dará lugar correlativamente a **gasto deducible para la determinación de dicho rendimiento**.

CUESTIÓN

Un autónomo que desarrolla su actividad económica cumpliendo los requisitos para aplicar la reducción por trabajador autónomo económicamente dependiente o con único cliente no vinculado del artículo 32.2 de la LIRPF ha estado parte del año de baja. Su mutua se ha hecho cargo de sus cotizaciones el RETA y ha percibido la correspondiente prestación por incapacidad temporal. ¿La percepción de esos rendimientos le impedirá aplicar la reducción mencionada?

Uno de los requisitos para aplicar la reducción del artículo 32.2 de la LIRPF exige que el contribuyente no perciba rendimientos del trabajo en el período impositivo, pero no se entenderá incumplido ese requisito cuando durante el período impositivo se perciban prestaciones por desempleo o cualesquiera de las prestaciones previstas en la letra a) del artículo 17.2 de la LIRPF, siempre que su importe no sea superior a 4.000 euros anuales.

Las prestaciones de la Seguridad Social en concepto de incapacidad temporal tendrán la consideración de rendimientos del trabajo a los efectos del IRPF de conformidad con la regla 1.ª del artículo 17.2.a) de la LIRPF. Un rendimiento del trabajo que comprenderá toda la prestación percibida e incluiría el importe de las cotizaciones al RETA entregado por la mutua, a cuyo pago está obligado el autónomo.

Por lo tanto, el autónomo podría aplicar la reducción siempre que los rendimientos que perciba no excedan de 4.000 euros anuales y que se cumplan el resto de los requisitos necesarios para la reducción. En ese sentido se pronunció, por ejemplo, la consulta vinculante de la Dirección General de Tributos (V1449-23), de 26 de mayo de 2023.

RESOLUCIONES ADMINISTRATIVAS

Consulta vinculante de la Dirección General de Tributos (V3015-23), de 21 de noviembre de 2023

Asunto: tratamiento en IRPF del reintegro a la mutua de las percepciones por IT percibidas y del pago de las cuotas de autónomos de las que se había estado exento, por un error en la fecha de alta de un autónomo que estaba de baja laboral.

«La devolución por el consultante de los importes de la prestación por incapacidad temporal que en su momento se consideraron indebidamente abonados no tiene incidencia en la declaración del Impuesto sobre la Renta de las Personas Físicas correspondientes al ejercicio en que aquella devolución se realizó, circunstancia que en el presente caso se produjo en 2021. El hecho de tratarse de unos importes indebidamente abonados, no exigibles —por tanto— por el contribuyente, y que son reintegrados al pagador, comporta que su incidencia en la liquidación del Impuesto tenga lugar, en su caso, en las correspondientes a los ejercicios en que se hubieran declarado como ingreso (rendimientos del trabajo), circunstancia que en este caso se habrá producido en las autoliquidaciones de los períodos impositivos 2020 y 2021, períodos a los que corresponde la percepción (en principio) indebida de la prestación por incapacidad.

Por su parte, a la imputación temporal de los rendimientos de actividades económicas (pues el consultante venía desarrollando una actividad profesional, según resulta de la documentación aportada con el escrito de consulta) se refiere el artículo 14.1.b) de la Ley 35/2006, de 28 de noviembre, del Impuesto sobre la Renta de las Personas Físicas y de modificación parcial de las leyes de los impuestos sobre Sociedades, sobre la Renta de no Residentes y sobre el Patrimonio estableciendo que «los rendimientos de actividades económicas se imputarán conforme a lo dispuesto en la normativa reguladora del Impuesto sobre Sociedades, sin perjuicio de las especialidades que reglamentariamente puedan establecerse».

La remisión anterior nos lleva al artículo 11 de la Ley 27/2014, de 27 de noviembre, del Impuesto sobre Sociedades, que en su apartado 1 establece que «los ingresos y gastos derivados de las transacciones o hechos económicos se imputarán al período impositivo en que se produzca su devengo, con arreglo a la normativa contable, con independencia de la fecha de su pago o de su cobro, respetando la debida correlación entre unos y otros».

Conforme con lo expuesto, las cuotas del Régimen Especial de Trabajadores Autónomos (RETA) que el consultante abonó en 2021 a la Tesorería General de la Seguridad Social se imputarán a los períodos impositivos de los respectivos devengos de aquellas cuotas, con independencia del momento en que se efectúa su pago.

Por tanto, la regularización de la situación tributaria (excluyendo los importes indebidamente percibidos e incluyendo las cuotas del RETA) podrá efectuarse instando el consultante la rectificación de las autoliquidaciones, tal como establece el artículo 120 de la Ley 58/2003, de 17 de diciembre, General Tributaria».

Consulta vinculante de la Dirección General de Tributos (V1295-22), de 7 de junio de 2022

Asunto: deducibilidad en el IRPF de las cuotas del RETA que la mutua paga a un autónomo de baja laboral.

«Las prestaciones de la Seguridad Social en concepto de incapacidad temporal tienen la calificación en el Impuesto sobre la Renta de las Personas Físicas de rendimientos del trabajo, de acuerdo al artículo 17.2.a)1ª de la Ley 35/2006, de 28 de noviembre (...).

El rendimiento de trabajo comprende la totalidad de la prestación recibida, incluyendo el importe de las cotizaciones al Régimen Especial de Trabajadores Autónomos de la Seguridad Social (RETA), entregado por la mutua colaboradora a cuyo pago queda obligado el autónomo. No obstante, debe tenerse en cuenta que este pago de las cotizaciones del RETA dará lugar correlativamente a un gasto deducible para la determinación del rendimiento neto de la actividad económica, siempre que su determinación se efectúe por el método de estimación directa en su modalidad normal o simplificada, conforme a lo dispuesto en el artículo 30 de la Ley del Impuesto, pues se trata de gastos necesarios para el ejercicio de dicha actividad económica».

ANEXO.
FORMULARIOS

Escrito de solicitud de inclusión a la cobertura de incapacidad temporal

Conforme con el artículo 47 del Real Decreto 84/1996, de 26 de enero, la protección de la incapacidad temporal y otras contingencias para los trabajadores autónomos es obligatoria y debe formalizarse con una mutua colaboradora con la Seguridad Social al momento de darse de alta. La adhesión a la mutua es válida hasta el 31 de diciembre de cada año y puede prorrogarse, pero el trabajador puede cambiar de mutua notificando su decisión antes del 1 de octubre.

Por ello se facilita un modelo de escrito dirigido a la Mutua para solicitar inclusión a la cobertura de incapacidad temporal, posteriormente la inclusión se formaliza con un documento de adhesión, que conforme al artículo 75 de Real Decreto 1993/1995 de 7 de diciembre «(...) se recogerán los derechos y deberes del interesado y de la mutua, así como la fecha y hora en que nazcan y se extingan sus efectos. Asimismo deberá expresar necesariamente el nombre y apellidos del trabajador, la denominación o razón social, en su caso, su domicilio y actividad, así como el régimen y número de la Seguridad Social».

A LA MUTUA [NOMBRE_MUTUA]

D./Dña. [NOMBRE_TRABAJADOR_A], mayor de edad, con DNI [NÚMERO], domicilio a efectos de notificaciones en [DOMICILIO], correo electrónico [EMAIL], teléfono [FIJO O MÓVIL], trabajador/a por cuenta propia dado de alta en el Régimen Especial de Trabajadores Autónomos con núm. de afiliación [NÚMERO] ante ese organismo comparece y como mejor proceda en Derecho, **DICE**:

Que por medio del presente escrito viene a solicitar **INCLUSIÓN A LA COBERTURA DE INCAPACIDAD TEMPORAL**, de conformidad con el artículo 47 del Real Decreto 84/1996, de 26 de enero, por el que se aprueba el Reglamento General sobre inscripción de empresas y afiliación, altas, bajas y variaciones de datos de trabajadores en la Seguridad Social, en base a los siguientes

HECHOS

ÚNICO.- Con base al art. 47 del Real Decreto 84/1996, de 26 de enero, por el que se aprueba el Reglamento General sobre inscripción de empresas y afiliación, altas, bajas y variaciones de datos de trabajadores y art. 75 del Real Decreto 1993/1995, de 7 de diciembre, por el que se aprueba el Reglamento sobre colaboración de las Mutuas de Accidentes de Trabajo y Enfermedades Profesionales de la Seguridad Social, en la redacción establecida por el Real Decreto 1382/2008, de 1 de agosto, el que suscribe procede a solicitar su INCLUSIÓN para la protección de la incapacidad temporal en el campo de aplicación del Régimen Especial de los Trabajadores por Cuenta Propia o Autónomos con efectos del día primero de enero de [AÑO] **(1)**

Por lo expuesto;

SOLICITO A LA MUTUA [NOMBRE_MUTUA]:

Que presentado este escrito lo admita, en su virtud tenga por formulada **INCLUSIÓN A LA COBERTURA DE INCAPACIDAD TEMPORAL** y dicte resolución por la que, **CON EFECTOS DE 1 DE ENERO DEL PRESENTE AÑO** se proceda al cese en la cobertura de la citada prestación.

En [PROVINCIA], a [DIA] de [MES] de [AÑO].

[FIRMA]

---

(1) La cobertura de la prestación económica por incapacidad temporal habrá de formalizarse con una mutua, en el momento de causar alta en el RETA y sus efectos coincidirán con los de dicha alta. Si no se ejercita esta opción, los trabajadores podrán optar por acogerse a dicha protección mediante solicitud por escrito que deberá formularse antes del 1 de octubre de cada año, con efectos desde el día 1 de enero del año siguiente.

Escrito a la mutua por parte de trabajador/a autónomo/a optando por la exclusión de la cobertura de la prestación económica por IT

El art. 315 y la D.A. 28.ª de la LGSS establecen (tras distintas reformas) que la cobertura de la prestación de incapacidad temporal se hace obligatoria para los autónomos con excepciones:

- Que se tenga cubierta dicha contingencia en razón de la actividad realizada en otro régimen de la Seguridad Social. En este supuesto, podrá acogerse voluntariamente a la cobertura de dicha contingencia, así como, en su caso, renunciar a ella en los términos establecidos reglamentariamente.

- Régimen Especial de la Seguridad Social de los Trabajadores por Cuenta Propia o Autónomos.

- Respecto a los socios de cooperativas que dispongan de un sistema intercooperativo de prestaciones sociales, complementario al sistema público.

- Los miembros de institutos de vida consagrada de la Iglesia Católica.

A LA MUTUA [NOMBRE]

D./D.ª [NOMBRE_PERSONA_TRABAJADORA_AUTÓNOMA], mayor de edad, con DNI [NÚMERO], domicilio a efectos de notificaciones en [DOMICILIO], trabajador/a por cuenta propia dado de alta en el Régimen Especial de Trabajadores Autónomos con núm. de afiliación [NÚMERO] ante ese organismo comparece y como mejor proceda en Derecho,

DICE

Que por medio del presente escrito viene a solicitar **RENUNCIA A LA COBERTURA DE INCAPACIDAD TEMPORAL**, de conformidad con el artículo 47 del Real Decreto 84/1996, de 26 de enero, por el que se aprueba el Reglamento General sobre inscripción de empresas y afiliación, altas, bajas y variaciones de datos de trabajadores en la Seguridad Social, en base a los siguientes

HECHOS

I.- La protección de la incapacidad temporal derivada de contingencias comunes y de las contingencias de accidentes de trabajo y enfermedades profesionales por los trabajadores comprendidos en el campo de aplicación del Régimen Especial de los Trabajadores por Cuenta Propia o Autónomos se efectuará con arreglo a las peculiaridades señaladas en el art. 47 del Real Decreto 84/1996, de 26 de enero, por el que se aprueba el Reglamento General sobre inscripción de empresas y afiliación, altas, bajas y variaciones de datos de trabajadores en la Seguridad Social, donde se establece que la renuncia a esa cobertura podrá realizarse, mediante solicitud por escrito, en los siguientes supuestos:

«a) La opción en favor de dicha cobertura, que habrá de formalizarse con una mutua en los términos señalados en el apartado 1, podrá realizarse en el momento de causar alta en este régimen especial y sus efectos coincidirán con los de dicha alta.

De no ejercitarse la opción a que se refiere el párrafo anterior, estos trabajadores podrán optar por acogerse a dicha protección mediante solicitud por escrito que deberá formularse antes del 1 de octubre de cada año, con efectos desde el día 1 de enero del año siguiente.

b) La renuncia a la cobertura de la prestación de incapacidad temporal podrá solicitarse en los siguientes supuestos:

1.º Con carácter general, antes del 1 de octubre de cada año, con efectos desde el día 1 de enero del año siguiente.

2.º Cuando la situación de pluriactividad se produzca con posterioridad al alta en este régimen especial, dentro de los 30 días siguientes al del alta por la nueva actividad, con efectos desde el día primero del mes siguiente al de la renuncia. En otro caso, será de aplicación lo dispuesto en el supuesto 1.º

3.º Cuando los trabajadores dejen de reunir los requisitos para ostentar la condición de económicamente dependientes, permaneciendo en alta en este régimen especial, con efectos desde el primer día del mes siguiente a aquel en que se haya extinguido el respectivo contrato, siempre que la variación de datos correspondiente se comunique dentro de plazo; en otro caso, la cobertura se mantendrá hasta el último día del mes en que produzca efectos la referida variación».

II.- En la actualidad me encuentro en el supuesto establecido por la letra [ESPECIFICAR] de apartado anterior, toda vez que: [DESCRIPCIÓN].

III.- La renuncia realizada en los supuestos anteriores no impedirá ejercer nuevamente la opción por esta cobertura, siempre que haya transcurrido, como mínimo, un año natural desde que tuvo efectos la renuncia anterior.

Por lo expuesto;

SOLICITO A LA MUTUA [NOMBRE_MUTUA] **que presentado este escrito lo admita, en su virtud tenga por formulada RENUNCIA A LA COBERTURA DE INCAPACIDAD TEMPORAL,** y dicte resolución por la que, CON EFECTOS DE 1 DE ENERO DEL PRESENTE AÑO se proceda al cese en la cobertura de la citada prestación.

En [PROVINCIA], a [DIA] de [MES] de [AÑO].

[FIRMA]

Escrito de reclamación administrativa previa a la judicial ante denegación de prestaciones de IT

Modelo para una reclamación administrativa previa a la judicial ante la denegación de prestaciones de IT aludiendo por parte de la mutua una afiliación indebida con un alta fraudulenta para lucrar prestaciones del trabajador en el RETA [art. 175.1 a) LGSS].

A LA MUTUA [NOMBRE_MUTUA] **DIRECCIÓN PROVINCIAL DE** [PROVINCIA]

D./D.ª [NOMBRE_LETRADO], representante de **D./D.ª** [NOMBRE_PERSONA_TRA-BAJADORA], representación que acredito mediante copia de [ESPECIFICAR] que acompaño, y domicilio a efectos de notificaciones en [DOMICILIO], ante esta Dirección Provincial comparece y como mejor proceda en derecho,

DIGO

Que por medio del presente escrito formulo **RECLAMACIÓN ADMINISTRATIVA PREVIA** a la vía jurisdiccional laboral, de conformidad con el artículo 71 de la Ley de la Jurisdicción Social y dentro del plazo de 11 días desde la notificación de la resolución impugnada, contra la Mutua [NOMBRE_MUTUA], en la persona de su representante legal, contra **IMPUGNACIÓN DE DENEGACIÓN DE PRESTACIÓN POR INCAPACIDAD TEMPORAL ALUDIENDO ALTA FRAUDULENTA EN EL RETA**, todo ello en base a las siguientes

HECHOS

PRIMERO. Mi representado ha estado afiliado y en situación de alta en el Régimen Especial de Trabajadores Autónomos o por cuenta propia, con el n.º [NÚMERO_SEGURIDAD_SOCIAL], desde el [FECHA] a [FECHA], con un total de [NÚMERO] de días cotizados como se acredita mediante certificado de vida laboral adjunto como doc. núm. 1.

SEGUNDO. Mi representado durante el plazo anterior ha cotizado por la prestación de incapacidad temporal de trabajadores autónomos, teniendo cubierto, sobradamente, el período mínimo de cotización legalmente establecido.

TERCERO. Con fecha [DÍA] de [MES] de [AÑO], el trabajador autónomo se ve obligado a solicitar subsidio de incapacidad temporal a causa de [DESCRIPCIÓN].

CUARTO. Con fecha [DÍA] de [MES] de [AÑO] mi mandante solicita a la MUTUA [NOMBRE] la citada prestación, la cual me fue denegada por Resolución de fecha [DÍA] de [MES] de [AÑO], al entender dicho organismo, que el solicitante causó en su momento alta indebida en el RETA en base a una supuesta alta fraudulenta para lucrar prestaciones.

En concreto la MUTUA considera: [DESCRIPCIÓN]. **(1)**

QUINTO. Mi mandante esta disconforme con la Resolución toda vez cumple con los requisitos para lucrar la prestación solicitada.

A estos hechos son de aplicación los siguientes

FUNDAMENTOS JURÍDICOS

PRIMERO. El artículo 7 del Real Decreto 84/1996 de 26 de enero, por el que se aprueba el Reglamento General sobre Inscripción de empresas, afiliación, altas y bajas de trabajadores, señala que **la competencia en materia de altas y bajas de trabajadores viene atribuida a la Tesorería General de la Seguridad Social, y no de la Mutua de Accidentes de Trabajo**. Igualmente, en este caso concreto, la mutua no ha instado la actuación de la Tesorería en orden a proceder a la anulación del alta en el Régimen Especial por indebida —tampoco ha instado la actuación de la Inspección de Trabajo para determinar si el alta en el Régimen Especial era fraudulenta— limitándose simplemente a denegar el derecho a prestaciones en base a suposiciones sin fundamento alguno y sin apoyo legal, **invocando como causa para la denegación la existencia de un alta fraudulenta para lucrar prestaciones**.

SEGUNDO. El art. 61 del Real Decreto 1993/1995, de 7 de diciembre, por el que se aprueba el Reglamento sobre colaboración de las Mutuas de Accidentes de Trabajo y Enfermedades Profesionales de la Seguridad Social, establece que «Corresponde a la mutua de que se trate la expedición de los partes médicos de baja, confirmación de baja y alta, así como la declaración del derecho al subsidio, su denegación, suspensión, anulación y declaración de extinción, en los procesos de incapacidad temporal derivados de las contingencias de accidentes de trabajo y enfermedades profesionales correspondientes a los trabajadores dependientes de las empresas asociadas comprendidos en el ámbito de la gestión de la mutua, en los términos establecidos en la normativa reguladora del régimen de la Seguridad Social aplicable. Asimismo, le corresponde acordar las sucesivas bajas, confirmación de baja y alta, expedidas en los procesos originados por las mismas patologías que causaron procesos derivados de las indicadas contingencias correspondientes a dichos trabajadores, en los términos y con el alcance antes mencionados, así como la declaración del derecho al subsidio, su denegación, suspensión, anulación y declaración de extinción».

Más, como matiza la **STSJ de Galicia, n.º 4911/2015, de 12 de marzo, ECLI:ES:TSJGAL:2015:6883** «no cabe que la misma se pronuncie sobre el adecuado encuadramiento y ello con fundamento que es la TGSS, constituida como servicio común dotado de personalidad jurídica, la competente para reconocer el derecho a la afiliación, el alta o la baja en la Seguridad social según el art 33.1 del RD 84/96 que aprueba el Reglamento General sobre inscripción de empresas, afiliación, altas y bajas y variaciones de datos de trabajadores en la seguridad social, mientras que el art 31.3 establece que la TGSS podrá solicitar de la Inspección de Trabajo los informes precisos sobre la concurrencia de los hechos y demás circunstancias determinantes del alta o de la baja y el 35.4 que la Tesorería cursará la baja de oficio por conocer el cese en la actividad como consecuencia de la actuación de la Inspección, por los datos obrantes en la misma o en una entidad gestora o por cualquier otro procedimiento con cese de la obligación de cotizar desde el día en que hayan sido recibidos los datos o documentos que acrediten dicho cese en la actividad, de modo que la Mutua patronal deberá acudir a esta vía poniendo en conocimiento de la entidad gestora competente los datos necesarios para instar la baja de la demandante en el RETA si estima que no se dan los requisitos para que continúe de alta en dicho régimen especial, pero no puede pretender dejar de abobar las prestaciones a un trabajador con quien tiene concertada la prestación de Incapacidad Temporal, habiendo percibido las correspondientes cotizaciones sin oposición alguna, alegado extemporáneamente y en procedimiento no adecuado que tenía que estar excluido de tal régimen'. Por todo ello, es evidente que procede acoger este motivo de censura jurídica, y rechazar el argumento aducido por la Mutua demandada -y que fue convalidado por la Sentencia recurrida-, para denegar las prestaciones de I.T. a la demandante».

TERCERO. El art. 175 de la LGSS, determina que el «El derecho al subsidio por incapacidad temporal podrá ser denegado, anulado o suspendido: a) Cuando el beneficiario haya actuado fraudulentamente para obtener o conservar dicha prestación. b) Cuando el beneficiario trabaje por cuenta propia o ajena».

Como bien indica la **STSJ de Asturias, n.º 2569/2012, de 11 de Octubre, ECLI:ES:TSJAS:2012:3955**: «esta norma no detalla cuál de aquellas consecuencias jurídicas, denegación, anulación o suspensión, corresponde a cada una de estas situaciones dispares, y en su caso, cuál habría de ser la duración del período de suspensión aplicable. Lo que hace necesario interpretar este precepto con criterios lógico-jurídicos y en armonía con el conjunto de la normativa reguladora de la contingencia de incapacidad temporal, para evitar la inseguridad que podría generarse en la aplicación de un artículo redactado con tal amplitud y tan escasa precisión. Interpretación que no puede ser otra que la de **diferenciar entre aquellas situaciones en las que se comprueba la falta de elementos constitutivos del derecho al subsidio, bien sea originaria o por desaparición sobrevenida, y aquellos otros en los que concurren todos los requisitos exigibles para el nacimiento del derecho a la prestación, pero el beneficiario ha llevado a cabo actos incompatibles con la situación de baja médica**, como sucede con la realización de trabajos que no revelan la recuperación del normal estado de capacidad laboral, pero sí comprometen la evolución favorable del proceso curativo. En el primer supuesto, una vez constatado que no concurren los elementos constitutivos del derecho por haber actuado el beneficiario fraudulentamente para obtener o conservar la prestación, o bien, cuando la realización de trabajos por cuenta propia o ajena revele inequívocamente que la situación de incapacidad médica es inexistente, es admisible que la Mutua proceda a la denegación de la prestación o en su caso a la anulación de la ya concedida, en la medida en que se comprueba que no concurren los requisitos exigibles para devengarla, o bien, que tales requisitos con posterioridad han desaparecido».

CUARTO.- La actuación fraudulenta es un concepto jurídico amplio que puede englobar desde la simulación de la enfermedad o la producción del accidente, hasta el engaño a la entidad gestora o colaboradora, aparentando un trabajo o actividad profesional inexistente mediante la presentación de un alta y la cotización con el fin de afectarse a una incapacidad temporal que conlleve prestaciones o bien para obtenerlas en cuantía superior a la que corresponda; esto es, se trata de una conducta intencional dirigida a hacer nacer o a prolongar la situación de IT, simulando la alteración de la salud o el efecto incapacitante por ella producido.

En este punto, con arreglo a la ya citada **STSJ de Asturias, n.º 2569/2012, de 11 de octubre, ECLI:ES:TSJAS:2012:3955, D./D.ª** [NOMBRE_TRABAJADOR_A]:

- En el momento del alta, no se halla incapacitado para el desempeño de su trabajo (art. 175 LGSS).

- El demandante, sin padecimiento constatado, ha desarrollado su actividad laboral como [DESCRIPCIÓN] antes y después de la cuestionada alta en el RETA, de lo que es buena prueba el hecho de haber trabajado normalmente hasta el [FECHA], esto es, durante un periodo de [PERIODO].

Por lo expuesto,

SOLICITO A LA MUTUA [NOMBRE_MUTUA] que presentado este escrito lo admita, en su virtud tenga por formulada **RECLAMACIÓN ADMINISTRATIVA PREVIA** a la vía jurisdiccional laboral, contra **DENEGACIÓN DE PRESTACIÓN POR INCAPACIDAD TEMPORAL ALUDIENDO ALTA FRAUDULENTA EN EL RETA**, y se dicte resolución por la que se anule la resolución que se recurre y se reconozca que mi mandante se encuentre en situación de Incapacidad Temporal, y se reconozcan las prestaciones inherentes a dicho reconocimiento desde el inicio de la baja.

Es justicia que se pide en [PROVINCIA], a [DIA] de [MES] de [AÑO].

[FIRMA]

---

(1) A modo de ejemplo: «indebida la prestación de incapacidad temporal, al considerar que la patología determinante de la incapacidad temporal de referencia era anterior al alta en la TGSS».

Demanda para el cambio de contingencia de una prestación por incapacidad temporal (trabajador autónomo)

AL JUZGADO DE LO SOCIAL DE [PROVINCIA]

D./D.ª [NOMBRE_LETRADO], en calidad de letrado y representante de D./D.ª [NOMBRE_AUTÓNOMO_A], con DNI [NÚMERO] representación que acredito mediante copia de escritura de apoderamiento que acompaño, y domicilio a efectos de notificaciones en [DOMICILIO_NOTIFICACIÓN], ante este juzgado de lo social, comparece y como mejor proceda en derecho,

DIGO

Que, mediante el presente escrito, vengo en formular **DEMANDA EN MATERIA DE CAMBIO DE CONTINGENCIA EN EL PROCESO DE INCAPACIDAD TEMPORAL** sufrido frente a:

- INSTITUTO NACIONAL DE LA SEGURIDAD SOCIAL con sede en [LOCALIDAD].
- [NOMBRE_MUTUA], con domicilio a efectos de notificación en [DOMICILIO].
- TESORERÍA GENERAL DE LA SEGURIDAD SOCIAL con sede en [LOCALIDAD].

Todo ello en base a los siguientes,

HECHOS

PRIMERO.- Desde el [DÍA] de [MES] de [AÑO] mi mandante ha estado afiliado/a en el Régimen Especial de Trabajadores Autónomos o por Cuenta Propia de la Seguridad Social con el núm. [NÚMERO], en base a su actividad de [ESPECIFICAR]. (Acompaño copia de [ESPECIFICAR] como **doc. n.º** [NÚMERO]).

SEGUNDO.- Que con fecha [DÍA] de [MES] de [AÑO], sufrió un [ACCIDENTE_O_ ENFERMEDAD PROFESIONAL] cuando [DESCRIPCIÓN]. (Acompaño copia de [ESPECIFICAR] como **doc. n.º** [NÚMERO]).

TERCERO.- De los hechos relatados queda clara la laboralidad del accidente sufrido ya que [DESCRIPCIÓN].

CUARTO.- Por tal motivo, con fecha [DÍA] de [MES] de [AÑO], mi mandante solicitó de la mutua [NOMBRE_MUTUA] la correspondiente prestación económica por [ESPECIFICAR] derivada de accidente/enfermedad profesional, al reunir todos los requisitos legales y reglamentarios, para su reconocimiento. (Acompaño copia de [ESPECIFICAR] como doc. n.º [NÚMERO]).

QUINTO.- Con fecha [DÍA] de [MES] de [AÑO], a mutua le notificó a esta parte resolución n.º [NÚMERO] por la que se concede la prestación de [ESPECIFICAR] derivada de accidente/enfermedad no profesional o común por entender la citada entidad gestora que la misma tiene su origen en contingencias comunes. Reconociéndose una base reguladora de [CANTIDAD] euros. (Acompaño copia de [ESPECIFICAR] como doc. n.° [NÚMERO]).

SEXTO.- Que esta parte considera no ajustada a derecho la citada resolución, toda vez que [DESCRIPCIÓN], correspondiendo una base reguladora de [CANTIDAD] euros en consonancia con la normativa reguladora vigente.

SÉPTIMO.- Con fecha [DÍA] de [MES] de [AÑO] se formuló reclamación previa contra la resolución denegatoria de contingencia profesional que ha sido desestimada por resolución de fecha [DÍA] de [MES] de [AÑO]. (Acompaño copia de [ESPECIFICAR] como doc. n.° [NÚMERO]).

A los anteriores hechos son de aplicación los siguientes,

FUNDAMENTOS DE DERECHO

I.- COMPETENCIA

Resulta competente este juzgado de lo social, de conformidad el artículo 2 de la Ley de la jurisdicción social, y artículo 6 de la misma norma:

> «Los órganos jurisdiccionales del orden social, por aplicación de lo establecido en el artículo anterior, conocerán de las cuestiones litigiosas que se promuevan:
> o) En materia de prestaciones de Seguridad Social (...)».
> «Los Juzgados de lo Social conocerán en única instancia de todos los procesos atribuidos al orden jurisdiccional social (...)».

II.- CAPACIDAD Y LEGITIMACIÓN

Que mi cliente se encuentra capacitado para comparecer en juicio y goza de la capacidad procesal estipulada en el artículo 16 de la Ley de la jurisdicción social, como también se encuentra legitimado conforme al artículo 17 de la Ley de la jurisdicción social.

III.- REPRESENTACIÓN

Que mi representado actúa asistido de abogado/a/ graduado/a social, de acuerdo con los artículos 18 y 21 ambos de la Ley de la jurisdicción social.

> «Las partes podrán comparecer por sí mismas o conferir su representación a abogado, procurador, graduado social colegiado o cualquier persona que se encuentre en el pleno ejercicio de sus derechos civiles».

IV.- PROCEDIMIENTO

Será de aplicación al presente caso, el procedimiento previsto en los artículos 139 y siguientes de la Ley de jurisdicción social, por tratarse de demanda formulada en materia de Seguridad Social.

V.- FONDO DEL ASUNTO

1. Consideración de accidentes de trabajo [ESPECIFICAR, EN SU CASO, ENFERMEDAD PROFESIONAL]:

El art. 316 del Real Decreto Legislativo 8/2015, de 30 de octubre, por el que se aprueba el texto refundido de la Ley General de la Seguridad Social, establece que tendrán la consideración de accidente de trabajo del trabajador autónomo: **(1)**

> «2. Se entenderá como accidente de trabajo del trabajador autónomo el ocurrido como consecuencia directa e inmediata del trabajo que realiza por su

propia cuenta y que determina su inclusión en el campo de aplicación de este régimen especial. Se entenderá, a idénticos efectos, por enfermedad profesional la contraída a consecuencia del trabajo ejecutado por cuenta propia, que esté provocada por la acción de los elementos y sustancias y en las actividades que se especifican en la lista de enfermedades profesionales con las relaciones de las principales actividades capaces de producirlas, anexa al Real Decreto 1299/2006, de 10 de noviembre, por el que se aprueba el cuadro de enfermedades profesionales en el sistema de la Seguridad Social y se establecen criterios para su notificación y registro.

También se entenderá como accidente de trabajo el sufrido al ir o al volver del lugar de la prestación de la actividad económica o profesional. A estos efectos se entenderá como lugar de la prestación el establecimiento en donde el trabajador autónomo ejerza habitualmente su actividad siempre que no coincida con su domicilio y se corresponda con el local, nave u oficina declarado como afecto a la actividad económica a efectos fiscales».

El art. 3 del Real Decreto 1273/2003, de 10 de octubre, por el que se regula la cobertura de las contingencias profesionales de los trabajadores incluidos en el Régimen Especial de la Seguridad Social de los Trabajadores por Cuenta Propia o Autónomos, y la ampliación de la prestación por incapacidad temporal para los trabajadores por cuenta propia, establece que tendrán la consideración de accidente de trabajo del trabajador autónomo:

«2. Se entenderá como accidente de trabajo del trabajador autónomo el ocurrido como consecuencia directa e inmediata del trabajo que realiza por su propia cuenta y que determina su inclusión en el campo de aplicación del régimen especial.

A tal efecto, tendrán la consideración de accidente de trabajo:

a) Los acaecidos en actos de salvamento y otros de naturaleza análoga, cuando unos y otros tengan conexión con el trabajo.

b) Las lesiones que sufra el trabajador durante el tiempo y en el lugar del trabajo, cuando se pruebe la conexión con el trabajo realizado por cuenta propia.

c) Las enfermedades, no incluidas en el apartado 5 de este artículo, que contraiga el trabajador con motivo de la realización de su trabajo, siempre que se pruebe que la enfermedad tuvo por causa exclusiva la ejecución de aquél.

d) Las enfermedades o defectos padecidos con anterioridad por el trabajador, que se agraven como consecuencia de la lesión constitutiva del accidente.

e) Las consecuencias del accidente que resulten modificadas en su naturaleza, duración, gravedad o terminación, por enfermedades intercurrentes, que constituyan complicaciones derivadas del proceso patológico determinado por el accidente mismo o tengan su origen en afecciones adquiridas en el nuevo medio en que se haya situado el paciente para su curación.

3. No tendrán la consideración de accidentes de trabajo en el Régimen Especial de Trabajadores por Cuenta Propia o Autónomos:

a) Los que sufra el trabajador al ir o al volver del lugar del trabajo.

b) Los que sean debidos a fuerza mayor extraña al trabajo, entendiéndose por ésta la que sea de tal naturaleza que ninguna relación guarde con el trabajo que se ejecutaba al ocurrir el accidente. En ningún caso, se considera fuerza mayor extraña al trabajo la insolación, el rayo y otros fenómenos análogos de la naturaleza.

c) Los que sean debidos a dolo o a imprudencia temeraria del trabajador.

4. No impedirá la calificación de un accidente como de trabajo la concurrencia de la culpabilidad civil o criminal de un tercero, salvo que no guarde relación alguna con el trabajo».

2. Lugar de trabajo

El art. 316.2 de la LGSS extiende la existencia de accidente de trabajo el autónomo al «sufrido al ir o al volver del lugar de la prestación de la actividad económica o profesional». A estos efectos, se entenderá como lugar de la prestación «(...) el establecimiento en donde el trabajador autónomo ejerza habitualmente su actividad siempre que no coincida con su domicilio y se corresponda con el local, nave u oficina declarado como afecto a la actividad económica a efectos fiscales». Lo que se da en este supuesto al haber sucedido el accidente en las instalaciones de la empresa sitas en [DIRECCIÓN].

La STSJ de Castilla y León, rec. 441/2022, 25 de julio de 2022, ECLI:ES:TSJ-CL:2022:3299 y la STSJ de Castilla y León, rec. 148/2023, de 16 de noviembre del 2023, ECLI:ES:TSJCL:2023:4391, tratan los requisitos necesarios para que un autónomo pruebe que un accidente de tráfico deriva de su trabajo:

> «El trabajador por cuenta propia habrá de probar en todo caso la relación de causalidad existente entre las lesiones sufridas y el trabajo realizado por cuenta propia que dio lugar a la inclusión en este Régimen especial, exigencia hasta cierto punto lógica por las menores posibilidades de controlar la actuación del autónomo y las mayores dificultades para investigar las condiciones en que se producen los accidentes de este colectivo. La exigencia de que, para su calificación como laboral, el accidente traiga su causa inmediata y directa en la actividad desarrollada, y la consiguiente supresión del principio de ocasionalidad, justifica esta exclusión, amén de que con frecuencia será difícil deslindar si el autónomo está trabajando, trasladándose al centro o, sencillamente, en su tiempo libre. Y es que, como bien ha señalado la doctrina, si para el trabajador por cuenta ajena queda claro que la jornada laboral se inicia cuando éste se encuentra en su puesto de trabajo (art. 34.5 ET), tal consideración no puede trasladarse cuando la prestación de servicios se realiza por cuenta propia (...)"».

3. Presunción de laboralidad en el accidente sufrido en tiempo o lugar de trabajo por parte de una persona autónoma trabajadora

En el caso de las personas trabajadoras autónomas, para los accidentes acaecidos en tiempo y lugar de trabajo, la presunción de laboralidad regulada en el art. 156.1 de la LGSS no se contempla, ya que la norma reguladora de la incapacidad temporal aplicable resulta ser el art. 3.2 del Real Decreto 1273/2003, de 10 de octubre. Dicha norma postula como accidente de trabajo de la persona trabajadora autónoma a «(...) el ocurrido como consecuencia directa e inmediata del trabajo que realiza por su propia cuenta y que determina su inclusión en el campo de aplicación del régimen especial».

Por lo expuesto,

SOLICITO AL JUZGADO:

Que, teniendo por presentado este escrito, con las copias y documentos que se acompañan, se sirva admitirlo y, en su virtud, tenga por interpuesta demanda en materia de **CAMBIO DE CONTINGENCIA EN LA PRESTACIÓN** [ESPECIFICAR] **RECONOCIDA**, cite a las partes a los actos de conciliación y juicio, se siga este por sus trámites habituales, incluyendo el recibimiento a prueba que desde este momento se interesa, y en su momento dicte sentencia mediante la cual, con estimación de esta demanda, revoque la resolución de concesión de prestación de [ESPECIFICAR] reconocida por contingencias comunes reconociéndose la misma por contingencias profesionales, con derecho a pensión con una base reguladora de [CANTIDAD] euros y el abono de los atrasos que correspondan, condenando a las entidades demandadas a estar y pasar por dicha declaración, con todo cuanto más proceda en derecho.

Por ser justicia que se pide en [LOCALIDAD], a [DÍA] de [MES] de [AÑO].

Letrado D./D.ª [NOMBRE] Procurador D./D.ª [NOMBRE]

[NUMEROCOLEGIADO ABOGADO_ [NUMEROCOLEGIADO_PROCURADOR_
CLIENTE] CLIENTE]

PRIMER OTROSÍ DIGO: que interesa a esta parte valerse de los siguientes medios de prueba:

DOCUMENTAL:

- Que se requiera a la empresa [NOMBRE_EMPRESA] para que aporte el parte de accidente sufrido por el demandante.

- Que se requiera al INSS para que se aporte el expediente administrativo relativo a [DESCRIPCIÓN].

- Que se requiera a la mutua [NOMBRE] para que aporte copia del parte médico de [FECHA] y del Informe Examen de Salud realizado al dicente con [FECHA].

SEGUNDO OTROSÍ DIGO: esta parte asistirá al acto del juicio acompañada de (letrado-graduado social), de conformidad con el artículo 21 de la Ley de la jurisdicción social, estableciéndose a efectos de notificación los datos del mismo: teléfono del letrado [NÚMERO], fax [NÚMERO] y correo electrónico [DIRECCIÓN].

Por ello,

SOLICITO AL JUZGADO:

Que tenga por hecha dicha manifestación.

Por ser justicia en lugar y fecha *ut supra*.

Letrado D./D.ª [NOMBRE] Procurador D./D.ª [NOMBRE]

[NUMEROCOLEGIADO ABOGADO_ [NUMEROCOLEGIADO_PROCURADOR_
CLIENTE] CLIENTE]

---

(1) Lo previsto en este artículo se entiende sin perjuicio de lo establecido en el art. 317 de la LGSS, respecto de las personas trabajadoras por cuenta propia o autónomas económicamente dependientes, en el art. 326 de la LGSS respecto de los trabajadores del sistema especial para trabajadores por cuenta propia agrarios, en la disposición adicional vigésima octava, respecto de los socios de cooperativas que dispongan de un sistema intercooperativo de prestaciones sociales, complementario al sistema público, y de los miembros de institutos de vida consagrada de la Iglesia Católica.

Reclamación administrativa previa solicitando cambio de contingencia de una prestación por incapacidad temporal (por parte de un autónomo)

El procedimiento para la determinación de la contingencia en un proceso de incapacidad temporal iniciará (de oficio, a instancia de parte o a instancia de la mutua), a partir de la fecha de emisión del parte de baja médica.

La reclamación previa ha de interponerse ante el órgano competente que haya dictado la resolución sobre la solicitud inicial del interesado en el plazo máximo de 30 días desde la notificación de la misma (si es expresa), o desde la fecha en que deba entenderse producido el silencio administrativo.

A [ÓRGANO] (1)

D./D.ª [NOMBRE_LETRADO], representante de D./D.ª [NOMBRE_TRABAJA-DOR_A], lo cual acredito mediante copia de [ESPECIFICAR] que acompaño, y domicilio a efectos de notificaciones en [DOMICILIO], ante esta dirección provincial comparece y como mejor proceda en derecho,

DIGO

Que, de conformidad con lo prevenido en el art. 71 de la Ley 36/2011, de 10 de octubre, reguladora de la jurisdicción social, formulo por la presente **RECLAMACIÓN PREVIA** frente a la resolución del [ÓRGANO] (1) n.º [NÚMERO] de fecha [FECHA], **EN MATERIA DE CAMBIO DE CONTINGENCIA EN EL PROCESO DE INCAPACIDAD TEMPORAL** sufrido, en base a los siguientes,

HECHOS

PRIMERO.- Desde el [DÍA] de [MES] de [AÑO] mi mandante ha estado afiliado/a y en situación de alta en el Régimen Especial de Trabajadores Autónomos o por cuenta propia, con el n.º [NÚMERO_SEGURIDAD_SOCIAL], desde el [FECHA] a [FECHA], con un total de [NÚMERO] de días cotizados como se acredita mediante certificado de vida laboral adjunto como doc. n.º 1.

SEGUNDO.- Mi representado/a durante el plazo anterior ha cotizado por la prestación de incapacidad temporal de trabajadores autónomos, teniendo cubierto, sobradamente, el período mínimo de cotización legalmente establecido.

TERCERO.- Que con fecha [DÍA] de [MES] de [AÑO], sucede un accidente/enfermedad cuando [DESCRIPCIÓN]. (Acompaño copia de [ESPECIFICAR] como doc. n.º [NÚMERO]).

CUARTO.- De los hechos relatados queda clara la laboralidad del [ACCIDENTE/ENFERMEDAD] sufrido, ya que [DESCRIPCIÓN].

QUINTO.- Por tal motivo, con fecha [DÍA] de [MES] de [AÑO], mi mandante solicitó del [INSS_O_MUTUA] la correspondiente prestación económica por [ESPECIFICAR] derivada de accidente/enfermedad profesional, al reunir todos los requisitos legales y reglamentarios para su reconocimiento. (Acompaño copia de [ESPECIFICAR] como doc. n.º [NÚMERO]).

SEXTO.- Con fecha [DÍA] de [MES] de [AÑO], el [INSS_O_MUTUA] notificó a esta parte resolución n.° [NÚMERO] por la que se me concede la prestación de [ESPECIFICAR] derivada de accidente/enfermedad no profesional o común por entender la citada entidad gestora que la misma tiene su origen en contingencias comunes. Se reconoce una base reguladora de [CANTIDAD] euros. (Acompaño copia de [ESPECIFICAR] como doc. n.° [NÚMERO]).

SÉPTIMO.- Que esta parte considera no ajustada a derecho la citada resolución, toda vez que [DESCRIPCIÓN], correspondiendo una base reguladora de [CANTIDAD] euros en consonancia con la normativa reguladora vigente.

Por lo expuesto,

SOLICITO A [ÓRGANO]: (1)

Que, tenga por presentado este escrito, lo admita y tenga por formulada en tiempo y forma reclamación administrativa previa contra resolución dictada por este organismo de [FECHA], **en lo referente a CAMBIO DE CONTINGENCIA EN LA PRESTACIÓN** [ESPECIFICAR] RECONOCIDA y, previos los trámites de rigor, revoque la resolución de concesión de prestación de [ESPECIFICAR] reconocida por contingencias comunes reconociéndose la misma por contingencias profesionales, con derecho a pensión con una base reguladora de [CANTIDAD] euros y el abono de los atrasos que correspondan, con todo cuanto más proceda en derecho.

En [PROVINCIA], a [DÍA] de [MES] de [AÑO].

Letrado D./D.ª	Procurador D./D.ª
[NOMBRE]	[NOMBRE]
[NUMEROCOLEGIADO ABOGADO_ CLIENTE]	[NUMEROCOLEGIADO_PROCURADOR_ CLIENTE]

---

(1) La reclamación previa deberá interponerse ante el órgano competente que haya dictado resolución sobre la solicitud inicial del interesado, en el plazo de treinta días desde la notificación de la misma, si es expresa, o desde la fecha en que, conforme a la normativa reguladora del procedimiento de que se trate, deba entenderse producido el silencio administrativo.

Demanda de prestación por incapacidad temporal derivada de accidente de trabajo (impugnación de alta médica frente a mutua e INSS previo procedimiento administrativo especial de revisión)

Frente a las altas médicas emitidas por las mutuas de accidentes de trabajo y enfermedades profesionales de la Seguridad Social y por las empresas colaboradoras, en los procesos de incapacidad temporal derivados de contingencias profesionales con anterioridad al agotamiento del plazo de doce meses de duración de dicha situación, el interesado podrá iniciar ante la entidad gestora competente, el procedimiento administrativo especial de revisión de dicha alta, de acuerdo con lo previsto el art. 4, Real Decreto 1430/2009, de 11 de septiembre, en un plazo de 10 días, y que permite al trabajador no reincorporarse hasta la resolución del procedimiento, prorrogándose los efectos de la situación de incapacidad temporal.

Se exceptúa del procedimiento de reclamación administrativa previa en materia de prestaciones de Seguridad Social, la impugnación de las resoluciones administrativas expresas en las que se acuerda el alta médica emitidas por los órganos competentes de las Entidades gestoras de la Seguridad Social al agotarse el plazo de duración de trescientos sesenta y cinco días de la prestación de incapacidad temporal.

Modelo de demanda frente a mutua e INSS para la impugnación de alta médica por incapacidad temporal derivada de accidente de trabajo. Previo procedimiento administrativo especial de revisión del alta.

El procedimiento administrativo especial de revisión del alta ante el INSS se encuentra sujeto a un plazo para interponer la solicitud de 10 días, desde el día siguiente a la notificación del alta médica.

AL JUZGADO DE LO SOCIAL DE [ESPECIFICAR]

D./D.ª [NOMBRE_TRABAJADOR_A] mayor de edad, domiciliado en [DOMICILIO_TRABAJADOR_A], provisto de NIF [NIF], y con número de afiliación a la Seguridad Social [NÚMERO], ante el juzgado comparezco y como mejor proceda en Derecho,

DIGO

Que mediante el presente escrito vengo en formular **DEMANDA EN IMPUGNACIÓN DE ALTA MÉDICA** frente a la [NOMBRE_MUTUA], con domicilio a efectos de notificación en [DOMICILIO], al **INSTITUTO NACIONAL DE LA SEGURIDAD SOCIAL** con sede en [LOCALIDAD], a la **TESORERÍA GENERAL DE LA SEGURIDAD SOCIAL** con sede en [LOCALIDAD] y la empresa [NOMBRE_EMPRESA], con domicilio social en [DOMICILIO SOCIAL], a fin de que por este juzgado se dicte sentencia de conformidad con el suplico de la presente.

Lo que fundamento en base a los siguientes,

HECHOS

PRIMERO.- Que vengo prestando mis servicios por cuenta propia desde el pasado [DÍA] de [MES] de [AÑO], con la categoría profesional de [CATEGORÍA] percibiendo un salario mensual de [CANTIDAD] euros brutos incluido el prorrateo de pagas extraordinarias.

Que tengo contratada la cobertura de las contingencias profesionales con la mutua [NOMBRE_MUTUA].

SEGUNDO.- Que en fecha [DÍA] de [MES] de [AÑO] sufrí un accidente de trabajo, que me ocasionó «[DESCRIPCIÓN]» a consecuencia del cual causé baja por incapacidad temporal desde dicha fecha hasta el [DÍA] de [MES] de [AÑO], conforme a una base reguladora diaria de [CANTIDAD] euros.

TERCERO.- Que el [DÍA] de [MES] de [AÑO], fui indebidamente dado de alta por parte de los servicios médicos de [NOMBRE_MUTUA], pese a no encontrarme en situación física apta para trabajar, tal y como se constata de [DESCRIPCIÓN].

CUARTO.- Que tras el alta indebida he sufrido otros episodios de recaída, pues cada vez que he intentado reincorporarme al trabajo (tras esas indebidas altas por una inexistente curación) me resulta imposible prestar servicios, dado que mi situación física no me hace apto para ello; las sucesivas alta y bajas por recaída han sido las siguientes:

- Baja por accidente de trabajo: [DÍA] de [MES] de [AÑO].

- Alta: [DÍA] de [MES] de [AÑO].

- Baja por recaída: [DÍA] de [MES] de [AÑO].

- Alta: [DÍA] de [MES] de [AÑO].

- Baja por recaída: [DÍA] de [MES] de [AÑO].

- Alta: [DÍA] de [MES] de [AÑO].

QUINTO.- Que en la fecha en la cual se cursó por la mutua [ESPECIFICAR] esa indebida alta no me encontraba curado y no existía motivo alguno para ser dado de alta al no haberse agotado el plazo máximo establecido para la incapacidad temporal.

SEXTO.- Que no conforme el que suscribe con el alta emitida se instó la revisión del misma, en el plazo de los diez días hábiles siguientes al de su notificación, mediante solicitud presentada a tal efecto ante la entidad gestora competente con fecha [FECHA], manifestando los siguientes motivos de disconformidad con dicha alta médica: (1)

– [DESCRIPCIÓN].

– [DESCRIPCIÓN].

– [DESCRIPCIÓN].

SÉPTIMO.- Que el director provincial del INSS (2), previo informe preceptivo del equipo de valoración de incapacidades, confirmó el alta médica emitida por la mutua de accidentes de trabajo y enfermedades profesionales de la Seguridad Social y declara la extinción del proceso de incapacidad temporal en la fecha de la mencionada alta mediante resolución de [FECHA]

OCTAVO.- Que tras acudir a los servicios médicos de la mutua en varias ocasiones durante el mes de [DÍA] de [MES] de [AÑO] —acompañado en alguna ocasión por el gerente de la empresa— donde se nos dieron largas y se me «aconsejó» solicitar la baja del INSS, y ante mi imposibilidad de trabajar constatada en mi lugar de trabajo, acudí a los servicios comunes de la Seguridad Social y estos en fecha [DÍA] de [MES] de [AÑO] cursaron mi baja con idéntico diagnóstico al que ha causado las bajas y recaídas anteriores motivadas por aquel accidente de trabajo; como no podía ser de otra manera ya que esta baja por contingencias comunes no es tal, ya que en la realidad se trata del mismo proceso en el que me encontraba cuando fui dado de alta indebidamente el [DÍA] de [MES] de [AÑO] y esta situación deriva del accidente de trabajo que sufrí el [DÍA] de [MES] de [AÑO]. **(3)**

NOVENO.- Que en la actualidad continúo en situación de baja médica y siguiendo tratamiento prescrito:

– [DESCRIPCIÓN].

DÉCIMO.- Que de conformidad con el art. 4.12 del Real Decreto 1430/2009, de 11 de septiembre, por el que se desarrolla reglamentariamente la Ley 40/2007, de 4 de diciembre, de medidas en materia de Seguridad Social, en relación con la prestación de incapacidad temporal, las resoluciones emitidas por la entidad gestora, en el ejercicio de las competencias establecidas en el mencionado artículo, podrán considerarse dictadas con los efectos atribuidos a la resolución de una reclamación previa a los efectos del art. 71 de la Ley 36/2011, de 10 de octubre, reguladora de la jurisdicción social, lo que consta en la resolución de fecha [FECHA].

A los anteriores hechos son de aplicación los siguientes,

FUNDAMENTOS DE DERECHO

I.- COMPETENCIA

Según lo dispuesto en los artículos. 1, 2.b), 6 y 10 de la LRJS, en concordancia con el artículo 9.5 de la LOPJ, es competente el Juzgado de lo Social al que nos dirigimos, tanto por razón de la condición de los litigantes, como por la materia y territorio.

II.- LEGITIMACIÓN

En cuanto a legitimación activa y pasiva, es de aplicación lo dispuesto en los artículos 16, 17, 18 y 140 de la Ley de Jurisdicción Social y cuantas disposiciones sean concordantes. **(4)**

III.- PROCEDIMIENTO

Se seguirán los trámites previstos para el procedimiento ordinario según lo dispuesto en los artículos 80 y ss. de la LRJS y en los artículos 140 y siguientes de la LRJS por ser un procedimiento de Seguridad Social.

IV.- PROCESO CON CARÁCTER URGENTE Y PREFERENTE

El artículo 140.3.b de la LRJS establece que al proceso de impugnación de alta médica se le dará el carácter de «urgente» y se le dará «tramitación preferente». Señalando, asimismo, que el acto de vista «habrá de señalarse dentro de los cinco días siguientes a la admisión de la demanda» [art. 1403.c) de la LRJS]. **(5)**

V.- FONDO DEL ASUNTO

El Real Decreto Legislativo 8/2015, de 30 de octubre, por el que se aprueba el texto refundido de la Ley General de la Seguridad Social, en concreto sus artículos 156, que establece el concepto de accidente de trabajo, artículo 167, que regula la responsabilidad en orden a las prestaciones, el artículo 316, en relación a la definición de accidente de trabajo del trabajador autónomo, el artículo 169, en cuanto al concepto de incapacidad, artículo 174, en relación a la extinción del derecho al subsidio y los artículos 193 al 200, que regulan las situaciones de incapacidad permanente en la modalidad contributiva.

En concreto esta parte entiende que el parte médico de alta incurre en infracción de los artículos 169 y art. 174.2 de la Ley General de la Seguridad Social, disposición adicional quinta del Real decreto 1300/1995, de 21 de julio (prórroga de los efectos de la incapacidad temporal), por el que se desarrolla en materia de incapacidades laborales del sistema de la Seguridad Social, la Ley 42/1994, de 30 de diciembre, de medidas fiscales, administrativas y de orden social y artículo 9.1 de la Orden de 13 de octubre de 1967, por la que se dictan Normas para la Aplicación y Desarrollo de la Prestación por Incapacidad Laboral Transitoria en el Régimen General de la Seguridad Social, toda vez que el/la demandante, en la fecha del alta médica que hoy se impugnaba no estaba curado/a de sus dolencias y se encontraba imposibilitado/a para realizar su trabajo habitual, debiendo aplicarse la doctrina jurisprudencial contenida en la sentencia del Tribunal Supremo de 27 de julio de 1996, que cita 6-5-1994 (R. 2016-93), acerca de que «el estado de salud del demandante que menoscaba su capacidad para el trabajo es una situación unitaria que ha de ser valorada globalmente, sin que sea exigible ni aconsejable que el examen de su Estado se efectúa en actuaciones separadas para diferenciar la incidencia que tiene el origen común o profesional de sus dolencias (...)». **(6)**

Igualmente, el supuesto de autos se encuadra en el art. 156.2.f) de la Ley General de la Seguridad Social, pues con anterioridad al accidente no consta la existencia de patología [DESCRIPCIÓN].

En su virtud,

SUPLICO AL JUZGADO:

Que teniendo por presentado este escrito, con sus copias y documentos que se adjuntan, lo admita a trámite y tenga por formulada DEMANDA EN IMPUGNACIÓN DE ALTA MÉDICA, cite a las partes a los actos de conciliación y juicio a las partes, se siga este por sus trámites habituales, incluyendo el recibimiento a prueba que desde este momento se interesa, y en su momento dicte sentencia mediante la cual, con estimación de esta demanda, revoque la resolución de alta médica dictada por la mutua [DÍA] de [MES] de [AÑO] y por el INSS de [DÍA] de [MES] de [AÑO], con derecho a la pensión que legalmente corresponda, con el abono de los atrasos que correspondan, condenando a las entidades demandas a estar y pasar por dicha declaración, con todo cuanto más proceda en Derecho.

[FIRMA]

PRIMER OTROSÍ DIGO: interesa al Derecho de esta parte se practiquen los siguientes medios de prueba, sin perjuicio de aquellos en que pueda hacer uso en el acto del juicio oral:

PRUEBA

Por todo ello,

SUPLICA AL JUZGADO:

Que tenga en consideración los medios de prueba solicitados por esta parte.

Por ser Justicia que pido en [LUGAR], a [FECHA].

[FIRMA]

---

(1) A la indicada solicitud, que estará disponible en la página web de las correspondientes entidades gestoras, y con el fin de que la entidad gestora conozca los antecedentes médico-clínicos existentes con anterioridad, se acompañará necesariamente el historial médico previo relacionado con el proceso de incapacidad temporal de que se trate o, en su caso, copia de la solicitud de dicho historial a la entidad colaboradora.

(2) El encargado de resolver el procedimiento administrativo especial de revisión del alta ante el INSS será el director provincial competente, dentro del plazo máximo de 15 días hábiles, contados desde la aportación de la documentación médica por parte de la mutua, para dictar la resolución correspondiente, previo informe del equipo de valoraciones de incapacidades.

Dicha resolución, podrá determinar la fecha y efectos del alta médica o la continuación de baja médica. Pudiendo finalizar de alguna de estas formas: a) confirmar el alta médica: b) mantener la situación de incapacidad temporal derivada de contingencia profesional; c) determinar la contingencia de la que deriva la incapacidad temporal, para el caso de que coincidan diferentes procesos y diferentes bajas médicas; d) dejar sin efectos el alta médica y dictar una nueva alta médica para el caso de que el trabajador recuperase la capacidad laboral durante la tramitación del proceso. En casos como este, la resolución establecerá una nueva fecha de alta médica y de extinción del proceso de incapacidad temporal, con sus todos sus efectos.

Tras la resolución de la impugnación del alta médica por parte del trabajador, en caso de no obtener un pronunciamiento favorable, el plazo para interponer demanda ante los Juzgados de lo Social son 20 días hábiles.

(3) Cuando el interesado solicite una baja médica derivada de contingencia común y se conociera la existencia de un proceso previo de incapacidad temporal derivada de contingencia profesional en el que se hubiera emitido un alta médica, el servicio público de salud deberá informar al interesado sobre la posibilidad de iniciar, en el plazo de los diez días hábiles siguientes al de notificación del alta médica emitida por la entidad colaboradora, este procedimiento especial de revisión y, además, con carácter inmediato comunicará a la entidad gestora competente la existencia de dos procesos distintos de incapacidad temporal que pudieran estar relacionados.

(4) El art. 17.1 de la LRJS, en relación a la legitimación activa establece que serán los «titulares de un derecho subjetivo o un interés legítimo» los que estén legitimados para ejercitar las acciones pertinentes para la defensa de sus intereses en materia de prestaciones de la Seguridad Social. Es decir, los trabajadores, los beneficiarios de la Seguridad Social, los empresarios, las mutuas de accidentes de trabajo y enfermedades profesionales, las Entidades Gestoras y la TGSS.

(5) Por indicación del art. 102. c) de la LRJS: se dará al procedimiento la tramitación que resulte conforme a la modalidad procesal expresada en la demanda. No obstante, si en cualquier momento desde la presentación de la demanda se advirtiera la inadecuación del procedimiento seguido, se procederá a dar al asunto la tramitación que corresponda a la naturaleza de las pretensiones ejercitadas, sin vinculación necesaria a la modalidad elegida por las partes y completando, en su caso, los trámites que fueren procedentes según la modalidad procesal adecuada, con aplicación del régimen de recursos que corresponda a la misma. No procederá el sobreseimiento del proceso o la absolución en la instancia por inadecuación de la modalidad procesal, salvo cuando no sea posible completar la tramitación seguida hasta ese momento o cuando la parte actora persista en la modalidad procesal inadecuada.

(6) STSJ de la Comunidad Valenciana n.º 2306/2011, de 15 de julio, ECLI:ES:TSJCV:2011:5374 y n.º 1000/2009, de 31 de marzo.

Formulario de demanda contra mutua por denegación de IT por alta fraudulenta en el RETA

De acuerdo con el art. 61 del RD 1993/1995, de 7 de diciembre, «corresponde a la mutua de que se trate la expedición de los partes médicos de baja, confirmación de baja y alta, así como la declaración del derecho al subsidio, su denegación, suspensión, anulación y declaración de extinción, en los procesos de incapacidad temporal derivados de las contingencias de accidentes de trabajo y enfermedades profesionales correspondientes a los trabajadores dependientes de las empresas asociadas comprendidos en el ámbito de la gestión de la mutua, en los términos establecidos en la normativa reguladora del régimen de la Seguridad Social aplicable. Asimismo, le corresponde acordar las sucesivas bajas, confirmación de baja y alta, expedidas en los procesos originados por las mismas patologías que causaron procesos derivados de las indicadas contingencias correspondientes a dichos trabajadores, en los términos y con el alcance antes mencionados, así como la declaración del derecho al subsidio, su denegación, suspensión, anulación y declaración de extinción».

Por el contrario, es competente para reconocer el derecho a la afiliación, al alta o a la baja en la Seguridad Social la Dirección Provincial de la Tesorería General de la Seguridad Social o la Administración de la misma en la provincia en que se encuentre abierta la cuenta de cotización del empresario al que presta servicios el trabajador por cuenta ajena o en la que radique el establecimiento del trabajador por cuenta propia o, en su defecto, en la que éste tenga su domicilio, sin perjuicio de las peculiaridades previstas en el artículo 39 del Reglamento General sobre inscripción de empresas y afiliación, altas, bajas y variaciones de datos de trabajadores en la Seguridad Social (art. 33 del RD 84/1996, de 26 de enero).

El siguiente formulario permite la interposición de demanda judicial frente a la mutua para impugnar la denegación de la prestación por IT fundada en una afiliación fraudulenta del trabajador en el RETA para lucrar prestaciones [tal como se prevé en el art. 175.1.a) de la LGSS].

AL JUZGADO DE LO SOCIAL DE [LOCALIDAD]

D./D.ª [NOMBRE_LETRADO], representante de D./D.ª [NOMBRE_TRABAJA-DOR_A], representación que acredito mediante copia de [ESPECIFICAR] que acompaño, y domicilio a efectos de notificaciones en [DOMICILIO], ante esta Dirección Provincial comparece y como mejor proceda en derecho,

DIGO

Que por medio del presente escrito formulo **DEMANDA PARA LA IMPUGNACIÓN DE DENEGACIÓN DE PRESTACIÓN POR INCAPACIDAD TEMPORAL ALUDIENDO ALTA FRAUDULENTA EN EL RETA,** contra la MUTUA [NOMBRE_MUTUA], en la persona de su representante legal, el INSTITUTO NACIONAL DE LA SEGURIDAD SOCIAL, la TESORERÍA GENERAL DE LA SEGURIDAD SOCIAL,

todo ello con base en los siguientes

HECHOS

PRIMERO.- Mi representado/a ha estado afiliado/a y en situación de alta en el Régimen Especial de Trabajadores Autónomos o por cuenta propia, con el n.º [NÚMERO_SEGURIDAD_SOCIAL], desde el [FECHA] a [FECHA], con un total de [NÚMERO] de días cotizados como se acredita mediante certificado de vida laboral adjunto como doc. n.º 1.

SEGUNDO.- Mi representado/a durante el plazo anterior ha cotizado por la prestación de incapacidad temporal de trabajadores autónomos, teniendo cubierto, sobradamente, el período mínimo de cotización legalmente establecido.

TERCERO.- D./D.ª [NOMBRE_TRABAJADOR_A] participa y regenta un negocio en la localidad de [LOCALIDAD], dedicado a [ESPECIFICAR].

CUARTO.- En el año [AÑO] se sometió a tratamiento médico por una patología de [ESPECIFICAR], recibiendo el diagnóstico de [ESPECIFICAR].

QUINTO.- De [FECHA] a [FECHA] permaneció fuera del sistema de la TGSS, siendo el [FECHA] objeto de alta en la TGSS dentro del RETA, para la actividad de [ESPECIFICAR], con una base de cotización inicial de [CANTIDAD] €, bajo el aseguramiento concertado con la Mutua [MUTUA], como [CATEGORIA_PROFESIONAL].

SEXTO.- En [FECHA] el/la trabajador/a autónomo/a acudía al servicio de urgencia del Hospital de [ESPECIFICAR] por [DESCRIPCIÓN], donde se le pauta [DESCRIPCIÓN].

SÉPTIMO.- En [FECHA] el/la trabajador/a autónomo/a acude al mismo servicio médico por [DESCRIPCIÓN], iniciando un proceso de incapacidad temporal por enfermedad común el [FECHA], bajo el diagnóstico de [DESCRIPCIÓN], con alta de [FECHA] por mejoría que permite trabajar.

OCTAVO.- La Mutua le abona prestaciones de [FECHA] a [FECHA], en importe total de [CANTIDAD] €, sobre una base reguladora diaria de [CANTIDAD] €.

NOVENO.- En [FECHA] la Mutua declara indebida la prestación de incapacidad temporal, al considerar que la patología determinante de la incapacidad temporal de referencia era anterior al alta en la TGSS. En base a ello solicita el reintegro de esa cantidad.

En la misma fecha la Mutua resuelve denegar la prestación de incapacidad temporal, por actuación fraudulenta del/de la trabajador/a en su alta en el RETA para obtener o conservar la prestación, por al considerar que [ESPECIFICAR] **(1)**

DÉCIMO.- Se formuló RECLAMACIÓN ADMINISTRATIVA PREVIA a la vía jurisdiccional laboral, de conformidad con el artículo 71 de la Ley de la Jurisdicción Social, contra la Mutua [NOMBRE_MUTUA], en fecha [FECHA], sobre el argumento de no haber obrado de manera fraudulenta, que vio desestimada.

A estos hechos son de aplicación los siguientes

FUNDAMENTOS DE DERECHO

I.- COMPETENCIA

Es competente el Juzgado al que me dirijo a tenor de lo dispuesto en los artículos 2.b), 6 y 10 de la Ley de Jurisdicción Social, en relación con los artículos 9.5 y 25.3 de la Ley Orgánica del Poder Judicial.

II.- LEGITIMACIÓN

En cuanto a legitimación activa y pasiva, es de aplicación lo dispuesto en los artículos 16, 17, 18 y 140 de la Ley de Jurisdicción Social y cuantas disposiciones sean concordantes.

III.- PROCEDIMIENTO

Los artículos 139 y siguientes de la Ley de Jurisdicción Social, por tratarse de demanda formulada en materia de Seguridad Social.

IV.- RECLAMACIÓN ADMINISTRATIVA PREVIA

El art. 71 de la Ley de Jurisdicción Social, por establecer que será requisito necesario para formular demanda en materia de prestaciones de Seguridad Social, que los interesados interpongan reclamación previa ante la Entidad gestora de las mismas.

V.- FONDO DEL ASUNTO

I.- El artículo 7 del Real Decreto 84/1996 de 26 de enero, por el que se aprueba el Reglamento General sobre Inscripción de empresas, afiliación, altas y bajas de trabajadores, señala que **la competencia en materia de altas y bajas de trabajadores viene atribuida a la Tesorería General de la Seguridad Social, y no de la Mutua de Accidentes** de Trabajo. Igualmente, en este caso concreto, la Mutua no ha instado la actuación de la Tesorería en orden a proceder a la anulación del alta en el Régimen Especial por indebida —Tampoco ha instado la actuación de la Inspección de Trabajo para determinar si el alta en el Régimen Especial era fraudulenta— limitándose simplemente a denegar el derecho a prestaciones en base a suposiciones sin fundamento alguno y sin apoyo legal, **invocando como causa para la** denegación la **existencia de un alta fraudulenta para lucrar prestaciones.**

II.- El art. 61 del Real Decreto 1993/1995, de 7 de diciembre, por el que se aprueba el Reglamento sobre colaboración de las Mutuas de Accidentes de Trabajo y Enfermedades Profesionales de la Seguridad Social, establece que «Corresponde a la mutua de que se trate la expedición de los partes médicos de baja, confirmación de baja y alta, así como la declaración del derecho al subsidio, su denegación, suspensión, anulación y declaración de extinción, en los procesos de incapacidad temporal derivados de las contingencias de accidentes de trabajo y enfermedades profesionales correspondientes a los trabajadores dependientes de las empresas asociadas comprendidos en el ámbito de la gestión de la mutua, en los términos establecidos en la normativa reguladora del régimen de la Seguridad Social aplicable. Asimismo, le corresponde acordar las sucesivas bajas, confirmación de baja y alta, expedidas en los procesos originados por las mismas patologías que causaron procesos derivados de las indicadas contingencias correspondientes a dichos trabajadores, en los términos y con el alcance antes mencionados, así como la declaración del derecho al subsidio, su denegación, suspensión, anulación y declaración de extinción», más, como matiza **la STSJ de Galicia, rec. 3128/2014, de 16 de septiembre de 2015, ECLI:ES:TSJGAL:2015:6883,** «no cabe que la misma se pronuncie sobre el adecuado encuadramiento y ello con fundamento que es la TGSS, constituida como servicio común dotado de personalidad jurídica, la competente para reconocer el derecho a la afiliación, el alta o la baja en la Seguridad social según el art 33.1 del RD 84/96 que aprueba el Reglamento General sobre inscripción de empresas, afiliación, altas y bajas y variaciones de datos de trabajadores en la seguridad social, mientras que el art 31.3 establece que la TGSS podrá solicitar de la Inspección de Trabajo los informes precisos sobre la concurrencia de los hechos y demás circunstancias determinantes del alta o de la baja y el 35.4 que la Tesorería cursará la baja de oficio por conocer el cese en la actividad como consecuencia de la actuación de la Inspección, por los datos obrantes en la misma o en una entidad gestora o por cualquier otro procedimiento con cese de la obligación de cotizar desde el día en que hayan sido recibidos los datos o documentos que acrediten dicho cese en la actividad, de modo que la Mutua patronal deberá acudir a esta vía poniendo en conocimiento de la entidad gestora competente los datos necesarios para instar la baja de la demandante en el RETA si estima que no se dan los requisitos para que continúe de alta en dicho régimen especial, pero no puede pretender dejar de abonar las prestaciones a un trabajador con quien tiene concertada la prestación de incapacidad temporal, habiendo percibido las correspondientes cotizaciones sin oposición alguna, alegado extemporáneamente y en procedimiento no adecuado que tenía que estar excluido de tal régimen'. Por todo ello, es evidente que procede acoger este motivo de censura jurídica, y rechazar el argumento aducido por la Mutua demandada -y que fue convalidado por la Sentencia recurrida-, para denegar las prestaciones de I.T. a la demandante».

III.- El art. 175 de la LGSS, determina que el «El derecho al subsidio por incapacidad temporal podrá ser denegado, anulado o suspendido: a) Cuando el beneficiario haya actuado fraudulentamente para obtener o conservar dicha prestación. b) Cuando el beneficiario trabaje por cuenta propia o ajena».

Como bien indica la **STSJ de Asturias, rec. 1887/2012, de 11 de octubre de 2012, ECLI:ES:TSJAS:2012:3955**: «esta norma no detalla cuál de aquellas consecuencias jurídicas, denegación, anulación o suspensión, corresponde a cada una de estas situaciones dispares, y en su caso, cuál habría de ser la duración del período de suspensión aplicable. Lo que hace necesario interpretar este precepto con criterios lógico-jurídicos y en armonía con el conjunto de la normativa reguladora de la contingencia de incapacidad temporal, para evitar la inseguridad que podría generarse en la aplicación de un artículo redactado con tal amplitud y tan escasa precisión. Interpretación que no puede ser otra que la de **diferenciar entre aquellas situaciones en las que se comprueba la falta de elementos constitutivos del derecho al subsidio, bien sea originaria o por desaparición sobrevenida, y aquellos otros en los que concurren todos los requisitos exigibles para el nacimiento del derecho a la prestación, pero el beneficiario ha llevado a cabo actos incompatibles con la situación de baja médica**, como sucede con la realización de trabajos que no revelan la recuperación del normal estado de capacidad laboral, pero sí comprometen la evolución favorable del proceso curativo. En el primer supuesto, una vez constatado que no concurren los elementos constitutivos del derecho por haber actuado el beneficiario fraudulentamente para obtener o conservar la prestación, o bien, cuando la realización de trabajos por cuenta propia o ajena revele inequívocamente que la situación de incapacidad médica es inexistente, es admisible que la Mutua proceda a la denegación de la prestación o en su caso a la anulación de la ya concedida, en la medida en que se comprueba que no concurren los requisitos exigibles para devengarla, o bien, que tales requisitos con posterioridad han desaparecido»

IV.- La **STSJ de Andalucía, rec. 827/2012. de 3 de mayo, ECLI:ES:TSJAS:2012:1993**, en su Fundamento de Derecho Tercero afirma, sobre este caso similar al de autos, que: «Las sentencias de la Sala recaída en Recurso de Suplicación 1.330/09 y 311/10 analizan un caso similar declarando que la cuestión controvertida es la de si tiene o no derecho la trabajadora demandante a percibir la prestación de incapacidad temporal, denegada por la mutua por entender que ha existido un actuar fraudulento para obtener o conservar la prestación debatida (artículo 132, 1, a) de la LGSS). Tema sin duda delicado y de dificultoso deslinde, en cuanto que se entrecruzan derechos y valores diversos sobre, los que huelga decirlo, no cabe presumir nada, ni aventurar actuación fraudulenta en quien simplemente pretende tener un acogimiento adecuado del sistema de aseguramiento social. Y es que quien alega el actuar defraudatorio es quien debe de probar debidamente que la contratación laboral acordada por el afectado con la empresa está carente de contenido real, puesto que no debe de confundirse una contratación de mero favor, sin contenido de prestación real de trabajo, y por tanto, fuera de la frontera de lo laboral y sin derecho a afiliación (de conformidad con el artículo 7 de la Ley General de la Seguridad Social), con la existencia de vinculaciones laborales buscadas para mantener o conseguir en su momento el acceso a prestaciones del Sistema, pues ello no es sino el ejercicio de un derecho de rango constitucional, como es el del acceso al trabajo (artículo 35), y a la seguridad social (artículo 41), a través de la suscripción de un contrato de trabajo que sea real, aunque la motivación principal del trabajador sea, no ya tanto la salarial, como la de conseguir así en su momento las condiciones que permitan el acceso a las prestaciones, y aunque la consecución del contrato tenga una base de favor o amistad directa o indirecta, si resulta real la prestación del trabajo, pues no existe prohibición legal al respecto. Y todo ello, teniendo en cuenta que ese acceso a prestaciones no es sino un derecho derivado, que tiene todo trabajador, y que, en principio, pretende todo trabajador, en ejercicio regular de sus derechos constitucionales y ordinarios. Por lo tanto, es lógico y normal que se busque por parte de un trabajador cualquier tipo de vinculación laboral, que lo aparte de una situación de desempleo, y que además le permita, junto a la percepción de la retribución, esa otra posibilidad prestacional. **Que solamente le estará vedada si resultara falsa la vinculación contractual, no si la misma resulta, en apariencia, no muy explicable en términos de rentabilidad o de ortodoxia empresarial, o de opinión judicial, pues esa es una cuestión que es ajena a la contratación realizada, y, por ende, a sus consecuencias, y a su enjuiciamiento. Y es aún más explicable que ello sea buscado por quien piensa que va a estar necesitado con inminencia de tales prestaciones, lo que no es por sí en absoluto fraudulento, si se da la existencia efectiva del contenido de esa vinculación».**

V.- La actuación fraudulenta es un concepto jurídico amplio que puede englobar desde la simulación de la enfermedad o la producción del accidente, hasta el engaño a la entidad gestora o colaboradora, aparentando un trabajo o actividad profesional inexistente mediante la presentación de un alta y la cotización con el fin de afectarse a una incapacidad temporal que conlleve prestaciones o bien para obtenerlas en cuantía superior a la que corresponda; esto es, se trata de una conducta intencional dirigida a hacer nacer o a prolongar la situación de IT, simulando la alteración de la salud o el efecto incapacitante por ella producido.

En este punto, con arreglo a la ya citada STSJ de Asturias, rec. 1887/2012, de 11 de octubre de 2012, ECLI:ES:TSJAS:2012:3955, D./D.ª [NOMBRE_TRABAJADOR_A]:

- En el momento del alta, no se halla incapacitado para el desempeño de su trabajo (art. 175 de la LGSS).

- El demandante, sin padecimiento constatado, ha desarrollado su actividad laboral como [DESCRIPCIÓN] antes y después de la cuestionada alta en el RETA, de lo que es buena prueba el hecho de haber trabajado normalmente hasta el [FECHA], esto es, durante un periodo de [PERIODO].

Por lo expuesto,

SOLICITO AL JUZGADO:

Que teniendo por presentado este escrito, con sus copias y documentos que se adjuntan, lo admita a trámite y tenga por formulada **DEMANDA PARA LA IMPUGNACIÓN DE DENEGACIÓN DE PRESTACIÓN POR INCAPACIDAD TEMPORAL ALUDIENDO ALTA FRAUDULENTA EN EL RETA,** cite a las partes a los actos de conciliación y juicio, se siga este por sus trámites habituales, incluyendo el recibimiento a prueba que desde este momento se interesa, y en su momento dicte Sentencia mediante la cual, con estimación de esta demanda, revoque la Resolución de alta médica dictada por la Mutua [DIA] de [MES] de [AÑO], con derecho a la pensión que legalmente corresponda, con el abono de los atrasos que correspondan, condenando a las entidades demandadas a estar y pasar por dicha declaración, con todo cuanto más proceda en Derecho.

En [PROVINCIA] a [DÍA] de [MES] de [AÑO].

[FIRMA]

PRIMER OTROSÍ DIGO: interesa a esta parte valerse de los siguientes **MEDIOS DE PRUEBA**, sin perjuicio de aquellos de que pueda hacer uso en el acto del juicio oral: [ESPECIFICAR].

DOCUMENTAL: se requiera a la MUTUA [NOMBRE MUTUA] el expediente administrativo, para que se aporte con 15 días de antelación al señalamiento del juicio oral.

En su virtud,

SOLICITÓ AL JUZGADO:

Tenga por interesada la prueba propuesta y se sirva admitirla.

Por ser justicia, fecha y lugar «ut supra».

[FIRMA]

SEGUNDO OTROSÍ DIGO: acudiré al juicio asistido del/de la letrado/a [NOMBRE LETRADO O GRADUADO SOCIAL], con despacho abierto en [DOMICILIO DESPACHO] y cuyo domicilio vengo a designar a efectos de comunicación de los actos procesales correspondientes.

Por ello,

SOLICITÓ AL JUZGADO:

Tenga por realizadas las anteriores manifestaciones a los efectos legales oportunos.

Por ser justicia, fecha y lugar «ut supra»

[FIRMA]

En [PROVINCIA] a [DIA] de [MES] de [AÑO].

[FIRMA]

---

(1) A modo de ejemplo: «indebida la prestación de incapacidad temporal, al considerar que la patología determinante de la incapacidad temporal de referencia era anterior al alta en la TGSS».